李自荣 著

薪酬体系
设计与分析

XINCHOU TIXI

SHEJI YU FENXI

西南财经大学出版社

中国·成都

图书在版编目(CIP)数据

薪酬体系设计与分析/李自荣著.—成都:西南财经大学出版社,2024.1
ISBN 978-7-5504-6039-3

Ⅰ.①薪…　Ⅱ.①李…　Ⅲ.①企业管理—工资管理—研究
Ⅳ.①F272.923

中国国家版本馆 CIP 数据核字(2024)第 000047 号

薪酬体系设计与分析
XINCHOU TIXI SHEJI YU FENXI

李自荣　著

责任编辑:陈子豪
责任校对:李思嘉
封面设计:墨创文化
责任印制:朱曼丽

出版发行	西南财经大学出版社(四川省成都市光华村街55号)
网　　址	http://cbs.swufe.edu.cn
电子邮件	bookcj@ swufe.edu.cn
邮政编码	610074
电　　话	028-87353785
照　　排	四川胜翔数码印务设计有限公司
印　　刷	成都市火炬印务有限公司
成品尺寸	170mm×240mm
印　　张	9
字　　数	145 千字
版　　次	2024 年 1 月第 1 版
印　　次	2024 年 1 月第 1 次印刷
书　　号	ISBN 978-7-5504-6039-3
定　　价	58.00 元

1. 版权所有,翻印必究。
2. 如有印刷、装订等差错,可向本社营销部调换。

前言

改革开放以来，中国经济的高速增长为世人所瞩目。究其原因，主要源于两个方面：一是体制改革所造就的制度创新和激励机制；二是改革对生产要素，特别是劳动力要素的解放。改革激发了人力资源的活力，他们以各种方式投身于经济建设，使我国人力资源的优势得到充分发挥。正因为如此，人力资源管理在改革开放后特别是20世纪90年代以来，得到了企事业单位的高度关注。如何确定组织的人力资源战略、做好组织的人力资源规划，如何招聘、留住、开发以及激励组织需要的各类人才，如何把握好职位分析、绩效管理、薪酬管理等人力资源管理中的关键环节，如何建设良好的组织文化，已经成为企事业单位各级领导考虑的最重要的问题。随着移动互联网的发展、全球化步伐的进一步加快、人工智能等最新科学技术的发展以及95后开始大量进入职场，各种组织的人力资源管理面临诸多新的挑战，很多组织的人员数量可能会逐渐停止增长甚至下降，对员工的质量要求却大大提升，这就对组织的人力资源管理提出了更高的要求。

从我国改革开放40余年的历程中可以清楚地看到，人力资源的确是推动中国经济发展的最重要资源，堪称"第一资源"。更为重要的是，如今我国自然资源的人均占有量与世界相比并不占优势，国民财富生产中自然资源消耗水平已经很高，可以毫不夸张地说，我国经济与社会实现可持续发展的唯一出路在于进一步发挥人力资源的优势。需要指出的是，发挥人力资源优势并不像有些人所想象的，只是靠廉价的人工成本去竞争。世界各国发展的经验已经证明，人工成本必然会随着经济发展水平的提高而不断提高。一个国家的人力资源优势主要体现在两个方面：一是人力资源的教育素质，体现为潜在的生产力；二是对已经实现就业的人力资源的管理水平，体现为对人力资源的开发利用程度。我国的教育，特别是基础教育，在世界上是有竞争力的，培养了一支高素质的劳动力队伍。而我国的管理水平，尤其是人力资源管理水平，与世界发达国家相比差距仍然存在。因此，提高我国企事业单位以及政府机构的人力资源管理水平是发挥我国人力资源优势的关键。近几十年来，我国几代领导人都强调了人才对于国家发展的重要作用，人才是第一资源日益得到广泛的认同，实施人才强国战略更是将人力资源和人才问题提升到国家战略的高度。

随着计划经济体制向市场经济体制的转变和全球化经济发展趋势的演进，我国企业的薪酬体系也发生了一系列变化。计划经济体制形成了集权型的工资体制；国家制定统一的工资制度、工资标准，确立晋升条件和工资形式；工资形式主要采用等级工资制与岗位工资制两种形式。党的十一届三中全会以后，恢复了计件工资和奖金制度，企业的奖金按工资总额的一定比例提取。1983—1985 年，随着利改税的实施，实行奖金随企业生产经营成果风向浮动的办法，即"浮动工资制"。从 1985 年开始，在国有大中型企业中实行职工工资总额同企业经济效益按比例浮动的办法。近年来，不少企业试行经营者年薪制、经理股票期权计划和员工持股计划，这些都是对工资体制进行的有益探索，薪酬体系变革的帷幕已经拉开：①薪酬体系不再一成不变，而是处在不断的变化之中，企业需要不断地根据变化的情况建立适当的薪酬体系；②目前"宽带薪酬设计"开始在国内一些企业实行；③薪酬设计开始出现能力模型；④薪酬的构成和实施呈现个性化，根据企业和员工的不同需求来设计和发放。从我国薪酬体系的演变过程来看，我国薪酬管理的主体从计划经济下的国家转变为市场经济下的企业。

伴随经济的全球化，中国的企业在保留了一些传统的薪酬管理做法的同时，也在学习、模仿和尝试新的薪酬管理体系，如可变工资、持股制、宽带工资等。为了提高我国人力资源管理水平，本书将理论与实践相结合，努力将企业在人力资源管理方面的先进理念和经验进行实例研究，以给其他企业提供实践参考。

尽管已经付出了很大努力，我们仍然清楚地认识到，本书还有许多地方不够完善，我们真诚地希望广大读者不吝赐教，提出修改意见和建议，以推动薪酬体系设计管理水平的提高。

全书的具体安排如下：

第一章为绪论，主要围绕本书的研究背景、目的、意义、方法、内容等方面展开论述。

第二章为与薪酬相关的基础理论研究，主要围绕薪酬设计基础理论、薪酬界定、薪酬功能、薪酬的影响因素、薪酬的基本形式等方面展开论述。

第三章为薪酬体系设计的相关内容，主要围绕薪酬体系的含义、原则、最低工资标准等方面展开论述。

第四章为 HD 公司薪酬体系现状，主要围绕 HD 公司概况、薪酬设计体系现状、薪酬体系存在的问题、薪酬体系再设计等方面展开论述。

第五章为 A 公司技能薪酬体系实践，主要围绕 A 公司技能薪酬体系概况、薪酬体系存在的问题、原因、薪酬体系再设计、薪酬体系实施保障措施等方面展开论述。

第六章为 KH 高级技工学校技能薪酬体系实践，主要围绕 KH 高级技工学校简介、薪酬体系现状、薪酬体系问题、薪酬体系再设计、薪酬体系保障措施等方面展开论述。

第七章为 QS 医院技能薪酬体系实践，主要围绕 QS 医院技能薪酬体系简介、薪酬体系现状、薪酬体系问题、薪酬体系再设计等方面展开论述。

第八章为研究结论与政策运用，主要围绕研究结论、政策运用等方面展开论述。

在本书写作过程中，作者参阅、援引了大量的文献资料，并从中吸收了许多有益的思想和具体的观点。在此谨向这些作者致以最诚挚的谢意；同时也要感谢我所指导的三位学生，他们分别是李姣姣、杜雨婷、何菊蓉，他们的实证论文为本书的研究提供了帮助；也要感谢宜宾学院的有关领导，感谢他们的大力协助和支持。本书限于笔者个人能力和经验，难免有不妥之处，如蒙赐教，不胜感激。

李自荣

2023 年 8 月

目录

第一章　绪论 / 1
　　第一节　本书研究的背景 / 1
　　第二节　本书研究的目的和意义 / 2
　　第三节　本书研究的方法、内容和创新点 / 3
　　　　一、研究方法 / 3
　　　　二、研究内容 / 3
　　　　三、研究创新点 / 4

第二章　与薪酬相关的基础理论研究 / 5
　　第一节　薪酬设计基础理论 / 5
　　　　一、工资决定理论 / 5
　　　　二、国外的工资理论 / 7
　　　　三、现代西方经济学的工资理论 / 9
　　　　四、激励理论 / 13
　　第二节　薪酬界定 / 17
　　第三节　薪酬功能 / 18
　　　　一、激励功能 / 18
　　　　二、保障功能 / 19
　　　　三、调节功能 / 20
　　　　四、增值功能 / 21

第四节 影响薪酬的因素 / 23
　　一、外部因素 / 23
　　二、内部因素 / 24
第五节 薪酬的基本形式 / 25
　　一、年薪制 / 25
　　二、结构工资制 / 27
　　三、提成工资制 / 29
　　四、固定工资制 / 30
　　五、计件工资制 / 31
　　六、协议工资制 / 31

第三章 薪酬体系设计的相关内容 / 32
第一节 薪酬体系的含义 / 32
第二节 薪酬体系设计的原则 / 36
　　一、公平性原则 / 36
　　二、竞争性原则 / 36
　　三、激励性原则 / 37
　　四、经济性原则 / 37
　　五、合法性原则 / 37
　　六、平衡性原则 / 37
　　七、有效性原则 / 37

第四章 HD公司薪酬体系设计实践 / 38
第一节 HD公司概况 / 38
第二节 HD公司薪酬设计体系现状 / 38
　　一、经营者年薪制主要内容 / 38
　　二、结构工资制 / 40
　　三、固定工资制 / 41

第三节　HD 公司薪酬体系存在的问题 / 42

一、经营者年薪制的问题 / 42

二、结构工资制问题 / 43

三、固定工资制问题 / 44

四、计件工资制问题 / 45

五、协议工资制问题 / 45

第四节　HD 公司薪酬体系再设计 / 46

一、经营者年薪制设计的原则 / 46

二、年薪制操作规范 / 50

三、年薪制发挥的作用 / 50

四、结构工资制设计的基本思路 / 51

五、HD 公司结构工资制设计步骤 / 52

六、结构工资制的主要内容 / 56

第五章　A 公司技能薪酬体系设计实践 / 59

第一节　A 公司人力资源概况 / 59

一、A 公司简介 / 59

二、A 公司员工薪酬概况 / 59

三、A 公司员工薪酬体系调查 / 60

四、问卷的信度和效度分析 / 60

五、薪酬体系总体情况分析 / 61

六、小结 / 62

第二节　A 公司薪酬体系存在的问题及其原因分析 / 62

一、A 公司薪酬体系存在的问题 / 63

二、A 公司薪酬体系的问题原因分析 / 64

第三节　A 公司薪酬体系再设计 / 65

一、A 公司薪酬体系再设计原则 / 65

二、A 公司技能薪酬体系的再设计 / 66

　　　　三、加强与员工的沟通 / 71

　第四节　实施保障措施 / 72

　　　　一、确定薪酬体系再设计保障小组成员及分工 / 72

　　　　二、做好相应资金保障 / 72

　　　　三、做好与员工的沟通交流 / 72

第六章　KH高级技工学校技能薪酬体系设计实践 / 73

　第一节　KH高级技工学校基本情况介绍 / 73

　　　　一、学校简介 / 73

　　　　二、组织结构 / 73

　第二节　KH高级技工学校技能薪酬体系现状及问题分析 / 74

　　　　一、KH高级技工学校技能薪酬体系现状 / 74

　　　　二、问卷调查与分析 / 75

　　　　三、存在主要问题分析 / 82

　第三节　KH高级技工学校技能薪酬体系再设计 / 83

　　　　一、技能薪酬体系设计原则 / 83

　　　　二、技能体系构建 / 84

　　　　三、技能薪酬体系再设计 / 96

　　　　四、技能薪酬体系设计前后对比 / 99

　第四节　KH高级技工学校技能薪酬体系保障措施 / 99

　　　　一、做好宣传工作 / 99

　　　　二、学校制度保障 / 99

　　　　三、资金保障 / 100

　　　　四、沟通机制保障 / 100

第七章　QS医院技能薪酬体系设计实践 / 101

　第一节　QS医院基本概述 / 101

　　　　一、医院简介 / 101

　　　　二、组织结构 / 101

三、人员结构 / 102
　第二节　QS医院技能薪酬体系现状及问题分析 / 104
　　一、QS医院薪酬体系现状分析 / 104
　　二、QS医院技能薪酬体系存在的问题分析 / 106
　第三节　QS医院技能薪酬体系再设计 / 109
　　一、设计目标 / 109
　　二、设计原则 / 109
　　三、技能薪酬体系搭建 / 110
　　四、再设计后的薪酬体系构成 / 119
　　五、薪酬体系再设计的前后对比 / 123

第八章　研究结论与政策建议 / 124
　第一节　研究结论 / 124
　第二节　政策建议 / 125

参考文献 / 126

附录　四川省人民政府关于调整全省最低工资标准的通知 / 129

第一章 绪论

第一节 本书研究的背景

随着一个崭新世纪的来临，人类社会开始快速步入了继工业文明、后工业文明之后的又一崭新阶段——知识经济时代。

知识经济的核心，就是以人力资源和知识资本为中心的新经济。1992年的诺贝尔经济学奖得主——美国经济学家贝克尔深刻地指出，发达国家75%以上的资本不再是物质资本，而是人力资本。人力资本成了人类财富增长和经济进步的源泉。人力资本在人类社会经济生活中的这种核心地位，决定了国与国之间、企业与企业之间的竞争将更主要地体现在智力资本与知识管理上的竞争，而人是智力与知识唯一的能动载体，所以，说到底竞争就是人才的竞争，谁在人才的竞争中取得优势，谁就可能在经济发展中取得领先。

随着中国改革开放的进一步深化，大批的民营企业和外资企业涌现，特别是跨国公司的大举进入，使得人才竞争也愈演愈烈。而且这种竞争呈现出了一种明显的趋势，那就是国有企业的优秀员工纷纷流向外资企业和民营企业。而导致这种流向的最主要、最直接原因是外资企业和民营企业能够提供合理和丰厚的薪酬及福利待遇。无可否认这些企业拥有先进和科学的经营管理机制是吸引人才的重要原因，但是对于今天刚刚摆脱温饱的大多数中国人来说，合理和富有竞争力的薪酬及福利待遇仍是他们选择企业的首要因素，至少是最重要的因素之一。

在计划经济时代——一个没有市场没有竞争的时代，由政府统筹，具有稳定的收入和良好的福利待遇的国有企业曾经使许多人趋之若鹜。随着政府住房制度和社会保障制度的改革和健全，国有企业良好福利的优势逐渐丧失，更何况其劳动生产率和经济效益低下，薪酬水平与市场严重脱节，加上大锅饭、平均主义等僵化的薪酬分配机制，使得国有企业优秀人才源源不断地流失，在人才竞争中节节败退，这也是国有企业今天在市场上步履维艰的最重要的原因之一。

长期以来，我国一直执行全国统一的工资管理制度，企业没有工资分配和管理的自主权，所以，企业不可能也没有必要去关心工资问题，更不会明白合理的薪酬水平及其分配机制对人才竞争的重要作用。尽管我国从1978年进行经济体制改革的同时就开始了工资改革，从实行"弹性工资计划"，到党的十四届三中全会提出的"企业工资制度改革的目标是建立市场机制决定、企业自主分配、政府监督调控的新模式"，再到党的十五大进一步明确了"实行按劳分配和按生产要素分配相结合"的原则。政府逐步放开了对企业工资的直接管理和干预，但由于缺乏合理的引导和有效的实践经验，以及体制上的惯性，部分国内企业特别是国有企业，在薪酬体系改革方面并未取得实质性的进展，不能适应市场经济发展的要求，更谈不上在知识经济和经济全球化过程中，在激烈的人才竞争中取得优势。

中国企业要在知识经济和经济全球化时代获得生存空间，从薪酬方面来说，就是要利用薪酬杠杆吸引、留住和激励优秀的人才，使他们的能力得以充分和持续地发挥，除了提供良好的经营管理机制和广阔的个人发展空间，公平合理和富有竞争力的薪酬待遇也是不可或缺的。

第二节　本书研究的目的和意义

薪酬体系对人才竞争的重要影响，乃至对企业经营发展的重要作用，正是本书探讨的意义和重点所在。

本书试图在马克思主义经济学和西方经济学的工资理论的指导下，通过对现代企业制度下薪酬体系的研究，在笔者对多家公司旧有的薪酬体系的研究和分析的基础上，以成功进行的薪酬体系再设计的实践经验为例，努力寻找和建立一套适合中国企业特别是国有企业在知识经济和经济全球化时代获得竞争优势的具有普遍借鉴意义的薪酬体系。

第三节　本书研究的方法、内容和创新点

一、研究方法

本书在研究中具体使用了以下三种研究方法：

1. 文献研究法

广泛阅读有关薪酬体系的国内外相关论文与期刊，充分利用好知网、万方等文献网站资源，对重点研究成果和相关理论进行归纳、整理、使用。

2. 问卷调查法

本书不仅会对调查问卷样本基本信息进行分析，还会对问卷的可靠性和有效性进行分析，再通过对调查问卷各选项得分情况、频数和频率的进一步分析，得出各公司在薪酬体系方面存在的问题及其产生的具体原因，以此来对各公司的薪酬体系进行再设计。

3. 访谈法

在深入调研公司薪酬体系的过程中，采用面对面的访谈方法，邀请具有代表性的管理者和员工，并对他们进行深入的访谈和交流，更全面地了解公司薪酬体系存在的问题和未来的发展方向，以确保数据的准确性和可靠性。

二、研究内容

本书共由八章构成。第一章：绪论，主要围绕本书的研究背景、目的、意义、方法、内容等方面展开研究；第二章：与薪酬相关的基础理论研究，主要围绕薪酬设计基础理论、薪酬界定、薪酬功能、薪酬的影响因素、薪酬的基本形式等方面展开研究；第三章：薪酬体系设计的相关内容，主要围绕薪酬体系的含义、原则、最低工资标准等方面展开研究；第四章：主要围绕 HD 公司概况、薪酬设计体系现状、薪酬体系存在的问题、薪酬体系再设计等方面展开研究；第五章：主要围绕 A 公司技能薪酬体系概况、薪酬体系存在的问题、原因、薪酬体系再设计、薪酬体系实施保障措施等方面展开研究；第六章：主要围绕 KH 高级技工学校简介、薪酬体系现状、薪酬体系问题、薪酬体系再设计、薪酬体系保障措施等方面展开

研究；第七章：主要围绕 QS 医院技能薪酬体系简介、薪酬体系现状、薪酬体系问题、薪酬体系再设计等方面展开研究；第八章：主要围绕研究结论、政策运用等方面展开研究。

三、研究创新点

第一，思路创新。本书在研究视角、研究内容、研究方法上都做出了较大创新。

第二，实践创新。本书在分析影响企业薪酬体系的因素上进行了相应的技能薪酬体系、职位薪资体系和能力薪资体系分析。通过薪酬体系设计，增强了研究的针对性和实践的有效性，达到了理论与实践相融合。

第三，本书结合理论分析和四个实证研究，提出了我国薪酬体系未来的发展方向，指出了本书薪酬体系在组织中的重要作用。从长期看，需要政府引导企业建立所对应的薪酬体系，并通过薪酬体系来确定我们相应的薪酬。职位薪酬体系，关键是以职位为核心；技能薪酬体系，关键是以技能为核心；最后，能力薪酬体系，即绩效工资，关键在于以劳动者的能力，也就是贡献的大小作为薪酬支付的标准。

第二章 与薪酬相关的基础理论研究

第一节 薪酬设计基础理论

薪酬历来都是一个备受关注的问题，不仅仅关系到个人利益，更牵涉到整个组织、整个社会乃至整个国家的社会经济发展。所以，薪酬也是历来国内外经济学和管理学学者研究的重点。考虑到本书强调的实际运用性，这里主要讨论两种基本薪酬理论，即工资决定理论和激励理论。

一、工资决定理论

工资决定理论是关于怎样以科学的依据和方法来合理确定工资水平的理论。许多的经济学家和管理学家从不同的角度提出了各种理论，其中各有长短。了解和掌握其中一些重要的工资理论，取长补短，对于研究和制定现代企业薪酬管理制度具有十分重要的指导意义。工资决定理论是指宏观上工资由劳动力市场的供给曲线与需求曲线的交点所决定。劳动力的需求曲线向右下方倾斜，表明随着劳动力供给的增加，劳动力的边际产出递减；劳动力的供给曲线向后弯曲，表明工资高过一定的限度，货币收入的边际效用不足以抵补劳动的边际负效用，劳动力的供给反而减少了。对于个人来说，工资相对是由自己决定，这也就是说，相对于如国民经济的那几个百分点的变化对工资的影响，个人的努力占了更大的比重。在经济学的分配理论中，工资决定理论有边际生产力论、供求均衡价格论、集体谈判工资论、效率工资论和分享工资论。

(一) 马克思主义工资理论

马克思主义工资理论可以分为两大部分。第一部分是资本主义工资理论。它认为工资是资本主义社会特有的经济现象，是劳动力价值或价格的转化形态，是在劳动力市场上根据劳动力生产费用和劳动供求关系而形成的。马克思主义的资本主义工资理论主要分析和揭露了资本主义工资的剥削实质和运动规律。马克思主义工资理论的第二部分，严格说，并不是社会主义工资理论，而是由于当时历史条件的局限，他只是全面阐明了社会主义个人消费品分配应实行按劳分配的思想，创立了按劳分配学说，并未形成社会主义工资理论。真正的社会主义工资理论及其管理理论是在"十月革命"胜利后，新诞生的社会主义国家，运用马克思主义按劳分配学说的理论，在实践中创立的。该理论的核心始终贯彻按劳分配的基本原理，明确社会主义工资实行国家统一的管理制度和标准，强调政府集权管理，国家是工资的唯一分配主体。社会主义工资理论曾经在很长一段时间内指导着社会主义国家的工资管理。

20世纪50年代起，一些学者从社会主义经济建设的现实客观条件出发，在马克思主义经济学的基础上，吸收了资本主义社会的一些工资理论和管理技术，对社会主义工资理论做了进一步的研究和发展。

随着我国社会主义市场经济的建立，我国的经济体制发生了重大变化，确立了以公有制为主体、多种所有制经济共同发展的基本经济制度，国家不再是工资的分配主体。企业工资的分配和管理已经不可能完全按照按劳分配的原则进行。但是，按劳分配仍然是我国现阶段企业获酬分配和管理的重要原则，所以，社会主义工资理论对今天研究和设计企业薪酬体系仍具有重要的指导意义。

(二) 西方工资决定理论对我国次级劳动力市场的指导意义

首先，西方工资理论是随着几百年的资本主义社会经济发展而逐步发展和完善起来的，它是以往西方发达国家的学者在对当时社会经济发展过程中出现的种种问题进行思考的基础上，总结并提出的一些理论。我国目前尚处于经济发展阶段，在发展过程中难免会碰到许多西方国家曾经历过的问题，在这种情况下，西方的一些经济理论对我国当下的社会经济建设有着重要的借鉴意义。但是，我国是一个发展中国家，无论是经济发展水平还是劳动力市场机制的完善程度都与西方发达国家存在一定的差距，次级劳动力市场也存在一些与西方国家明显不同的特性。因此，在劳动力市场工资确立的问题上,我们不能照搬西方国家的理论,而应该从我国的国情出发,在借鉴西方理论的同时遵循市场经济本身的运行规律,完善劳动力市场,健全我国的工资机制。

其次,在工资决定问题上,我们还应该弄清楚决定工资水平的合理因素和不合理因素。现实中存在的影响因素并不都是合理的,我们只有将合理的影响因素与不合理的影响因素区分开来,才能找出影响工资机制正常运行的因素。

最后,我国是市场经济国家,因此商品市场价格必须由市场的供求机制来决定,作为劳动者价格的工资同样必须遵循这个规律。也就是说,在我国,劳动者工资水平的确定既要以劳动者在产品中的贡献——边际生产力为依据,同时必须满足劳动者维持自身及其家属生存所必需的生活资料的需求,不管是在主要劳动力市场,还是在次级劳动力市场,这都是我国劳动力市场工资确立所必须遵循的根本原则。然而,尽管劳动者工资水平的高低最终是由劳动力市场供需双方的共同作用决定的,但现实中影响工资水平的因素很多,既有经济因素又有非经济因素。正如制度学派所认为的,影响工资水平的因素包括了所有影响供需变化的制度性和非制度性因素,这些非经济因素对工资水平的影响弱化了市场机制对劳动力工资水平的制定,扭曲了劳动力市场的价格,使得劳动力市场的公平原则受到破坏。因此,要健全我国次级劳动力市场的工资机制,很重要的一点就是必须消除扭曲劳动力市场价格的因素,充分发挥市场对工资的调节作用。

二、国外的工资理论

(一) 亚当·斯密的效率工资理论

亚当·斯密是最早对工资进行分析和研究的经济学家之一。他认为,工资是在财产所有者与劳动者相分离的情况下,作为非财产所有者的劳动者的报酬。因此,工资水平的高低取决于财产所有者,即雇主与劳动者的力量的对比。对于影响工资增长的因素,他认为主要是由于每年增加的就业机会,即对劳动者的需求大于劳动者的供给,导致雇主们竞相出高价雇佣劳动者。他认为,对于劳动者需求,必定会随着预定用来支付劳动工资的资金的增加而成比例地增加,而资金的增加是因为生产扩大和国民财富增加的缘故。

此外,亚当·斯密对工资理论的另外一个贡献就是对工资差别进行了解释。他认为，造成现实中不同职业和工人之间工资差别的主要原因有两大类。第一类是由于不同的职业的劳动者的心理、学习成本、安全程度、责任程度、职业风险等五个方面的差异造成了不同性质的职业的工资差别。第二类是政府的工资政策影响了劳动力市场上的供求关系，导致的工资差别。

尽管亚当·斯密的工资理论并不成熟，但随后众多的工资理论研究，都是在他的理论基础上进行的。值得一提的是，他对工资差别的理论解释，对现代企业薪酬管理仍具有一定的借鉴意义，如在《国富论》中均有明确提出效率工资理论。

一般而言，工资作为劳动的报酬，用于购买生活资料以再生产劳动力。但是，工人并不是单纯的劳动机器，工人出卖劳动力获得工资，并不是为了再生产出供剥削的劳动力，而是为了维持并不断改善其生活。如果工资水平低到仅能维持劳动者的基本消费，不仅劳动力的再生产受到威胁，工人劳动的主动性和积极性也无从发挥。工资水平的提高，工人生活水平的不断改善，在一定意义上体现着工人作为人的价值的实现。因此，高工资本身作为对人们诚实劳动和努力工作的一种奖励，不仅能够提高劳动生产率，而且对构建良性的经济和社会秩序也具有重要的作用。

（二）维持生存工资理论

在亚当·斯密之后，"生存工资理论"是18世纪末19世纪初由亚当·斯密和大卫·李嘉图提出并描述的理论，该理论更多地揭示了资本主义原始积累时期的一个现实情况。生存工资论的要点是：从长远看，在工业化社会中，工人的工资等于他的最低生活费用。学者们在多位专家的研究基础上进一步发展其基本观点，把工资和生活资料的价值联系起来，认为工资具有自然价格和市场价格，并从不同的方面详细分析了影响这两种价格的主要因素。自然价格是劳动者大体上能够维持生活并不增不减地延续后代所需生活资料的价格，市场价格是劳动力市场上供求关系确定的实际支付的价格。

维持生存工资理论是政府宏观工资调节和企业微观工资管理的主要理论依据之一。迄今为止，包括中国在内的世界上许多国家仍然制定或保留有最低工资保障法律。目前，我国实行的是西方国家十八世纪末十九世纪初实行的"生存工资理论"，我国给普通公务员、工人、打工者们的工资刚好够他们生存。通过这样的政策国家能够得到的好处是，通过压低工资可以更快地完成最初的原始资本积累，在国家利益面前，民众利益的牺牲在短期里就成为必然。正如某位学者指出的那样，工业化初期，工人的工资只能维持在使工人能够勉强生存、勉强糊口的水平上，这样才能顺利地完成资本的原始积累，并持续保持这种略显残酷的"竞争优势"。

因此，在我国很多人对工资的认识还停留在残酷的"生存工资"阶段。也就是说，工资只能保持在维持其生存、使其勉强糊口的水平上。很多人甚至认为，正是这种"生存工资"成就了中国的竞争优势。

(三) 工资基金理论

19世纪中叶，随着生存工资论的日趋没落，一种新的工资理论——工资基金理论开始产生。工资基金理论的代表人物是英国古典经济学家约翰·穆勒 (John S. Mill, 1806—1873)。工资基金理论是指工人的工资受人口规律支配，工人的工资水平和工人的生活状况就是随工人人口的增减而变动，并周而复始的反复下去。劳动基金理论认为劳动贫民的安乐与工资的高低就完全取决于工人的人口数量。该理论的要点是：第一，工资不是由生存资料决定的，而是由资本决定的。第二，在工资基金确定后，工人的工资水平就取决于工人人数的多少。工资基金理论发现的政策意义是从理论上阐释了工人工资增长与劳动生产效率之间的关系。他们认为一个国家在一定时期的资本总额是一定的，所以用来支付工资的资本即工资基金也是一定的，是雇主拥有的、在短期内确定无法改变的工资基金。所以，工资决定于雇佣劳动者的人数和直接用于购买劳动力的资本，一部分人工资的增加或减少与另一部分人的工资的减少或增加是相对应的。在穆勒看来，工资由劳动供求关系决定，换句话说，即工资决定于资本。

但是，这一理论存在的缺陷是显而易见的。实际上，工资基金所占的比例和劳动力数量是随时都在发生波动的，而且在现实生产活动中，工资不仅可以从资本中支付，还可以从现实生产中支付，这样工资就可以随着生产的增长而增长。因此，这一理论遭到了其他经济学家的猛烈批评。1869年，穆勒本人也不得不放弃了这一理论。

三、现代西方经济学的工资理论

(一) 边际生产力工资理论

边际生产力工资理论是由被誉为现代工资理论鼻祖的美国经济学家约翰、贝茨、克拉克等人提出的，一直被现代西方经济学家广为推崇。克拉克利用边际分析方法,创立了边际生产力工资理论,该理论认为工资取决于劳动边际生产力,也就是说,雇主总是力图使工资和他所雇佣的最后的一个工人所增加的产量的价值相等。如果所增加的产量价值小于所给付的工资,雇主就不会雇佣他;相反,如果所增加的产量价值大于所给付的工资,雇主就会增加雇佣工人,一直到所增加的产量价值等于所给付的工资时,雇主才不会增加或减少雇佣的工人。这样,工人的工资水平就由最后雇佣的工人的产量的价值来决定。这一理论显然是以劳动力市场完全竞争和劳动力自由流动的理想假设为前提的。但现实情况并非如此,企业中各种复杂的因素,使得工人的边际劳动生产力难以计算。所以,工资并不取决于劳动者的边际生产力,而是在一个较长的时间内,围绕着边际生产力摆动。尽管该理论有许多不足之处,但它致力于企业和厂商层次的微观分析,建立起了工资和生产力之间的本质联系,开创了工资问题研究的新时代。

（二）人力资本理论

严格地说,人力资本理论（human capital theory）,最早起源于经济学研究,20世纪60年代,美国经济学家舒尔茨和贝克尔创立了人力资本理论,开辟了关于人类生产能力的崭新思路。该理论认为物质资本指物质产品上的资本,包括厂房、机器、设备、原材料、土地、货币和其他有价证券等;然而人力资本则是体现在人身上的资本,即对生产者进行教育、职业培训等的支出及其在接受教育时的机会成本等的总和,表现为蕴含于人身上的各种生产知识、劳动与管理技能以及健康素质的存量总和。人力资本管理不是一个全新的系统,而是建立在人力资源管理的基础之上,它综合了"人"的管理与经济学的"资本投资回报"两大分析维度,将企业中的人作为资本来进行投资与管理,并根据不断变化的人力资本市场情况和投资收益率等信息,及时调整管理措施,从而获得长期的价值回报。传统人力资源管理不仅没有过时,而且是人力资本管理的技术基础。人力资本管理正是通过整合人力资源管理的各种手段,而获得更高水平的价值实现。人力资本管理注重投资与回报之间的互动关系,并结合了市场分析制定投资计划,因而其相对来说更为理性,对市场变化更为敏感,侧重点和衡量尺度更为明确,还可结合经济学分析模型进行更长远预测,前瞻性地采取行动。人力资本理论不是工资决定理论,但它对工资的决定具有重大的影响。人力资本思想早在亚当·斯密和马歇尔等人的思想著作中就已经提出，但都未做深入的研究。20世纪50年代末，美国经济学家西奥多·舒尔茨正式提出人力资本理论，后来加里·贝克尔又将该理论进一步发展。该理论认为，人力资本是通过人力资本投资形成的。这些投资包括教育培训支出、卫生保健支出、劳动力国内和国外流动支出，以及获取相关信息的支出等。此外，人力资本投资实际上还包括了为了补偿劳动力消耗，以及在衣、食、住等方面的支出。不过，这种支出是人的生理需要所必需的经常性支出，一般不计算在内。人力资本投资的目的是获取收益，只有当预期收益的现值不低于投资支出的现值时，政府、企业或个人才愿意投资。

一般而言，人力资本的投资直接影响了人力资本的存量。雇员人力资本存量越高，劳动生产率也就越高，因而其在劳动力市场上获得的报酬也越高。从这个意义上看，该理论可以很容易解释现实中雇员工资之间的差异和变动，比如，学历与个人薪酬收入通常成正比的现象。

（三）分享工资理论

随着经济发展格局的转变，劳动者在收益分配中的地位不断提高，出现了利益分享工资论、效率工资理论等新型的工资决定理论。分享工资理论是美国经济学家马丁·魏茨曼在20世纪70年代提出来的一个新的工资决定理论。这一理论对于解决通货膨胀问题、扩大就业和提高产量、激励工人与劳资相融都有积极的效应。分享工资，是指对生产单位——企业的利润分享，因此，也可以看作是分红工资。它是工人的工资与某些经济效益指标挂钩、随经济效益水平变化而同比例增减的劳动报酬制度。在西方经济学里，"分享工资理论"已经超越18世纪末19世纪初的"生存工资理论"、19世纪中叶的"工资基金理论"、19世纪末20世纪初的"边际生产力工资理论"和20世纪中期的"劳资谈判工资理论"，成为主流的工资理论。分享经济增长的红利、分享企业发展的好处，已经成为民众的基本共识。

传统的资本主义经济的根本弊病不在于生产，而在于分配，特别是雇员工资制度。在传统工资制度中，工人的工资同厂商的经济活动无关。由于工资固定，劳动成本固定，厂商按照利润最大化原则，对市场总需求的变化做出的反应总是在产品的数量方面，而不是在产品的价格方面。因为价格一般是按照成本加成方法确定的，成本不能变动，价格也就不能变动。一旦市场需求收缩，厂商只能减少生产，不能降价，在成本不能变动时降价将会导致亏本。因此，在市场收缩、产量减少时，必然出现工人失业的情况。

基于上述原因，魏茨曼认为，必须对现行工资制度进行改革，把工资经济改为分享经济。魏茨曼首先将雇员的报酬制度划分为工资制度和分享制度两种模式，与此相适应，资本主义经济就分为工资经济与分享经济。在工资制度下，厂商对雇员的报酬是与某种同厂商经营甚至同厂商所做或所能做的一切无关的外在的核算单位（例如，货币或生活费用指数）相联系；分享制度下，则是"工人的工资与某种能够恰当反映厂商经营的指数（例如，厂商收入或利润）相联系。"这样，工人和雇主在劳动市场上达成的就不再是规定每小时多少工资的合同，而是工人与雇主在企业收入中各占多少分享比例的协议。分享制度可能是"单纯"的，即雇员的工资完全取决于企业的业绩；也可能是"混合"的，即雇员的工资由有保障的工资和利润（或收入）分享基金两部分构成。大多数实际运行的分享制度，都是把以时间为基础的保障工资和某些形式的利润分享结合起来，将工资中的"分享"部分采取年终由管理部门宣布红利的形式反映出来。另一种不常见的形式是，雇员有权享有企业利润的一定比例。

他从分析企业劳动报酬的分配形式入手，认为滞胀产生的根本原因在于报酬制度的分配不合理。由此，他提出把传统的固定工资制度改为分享工资制度，使工人的工资与雇主的利润联系起来，主张以分享基金作为工人工资的来源，使工资与利润挂钩，工人在劳动力市场上不再是拿固定工资，而是与雇主就利润的分享比例达成协议。利润增加，分享基金增加；反之，则减少。

这一理论改变了传统的工资分配制度，认为工资不再具有刚性，而是随利润增减而变动。目前，国内外许多企业基于该理论广泛实行的利润分红制和利润提成制等薪酬分配形式，均比较成功，充分说明了该理论的现实意义。

此外，比较具有代表性的工资理论还有购买力理论、效率工资理论、均衡价格工资理论和劳动力市场歧视理论等。纵观上述种种工资理论，不同的学者从不同的角度对影响工资和决定工资的因素进行理论的研究和探讨，尽管大都是从宏观的角度加以论述，且或多或少地存在着不足之处，但他们对现代企业薪酬管理制度的确立和制定，仍具有不可低估的指导意义。

四、激励理论

激励理论是薪酬管理理论的基础。激励是薪酬众多功能中最重要的功能之一。如何通过薪酬杠杆激励员工提高工作热情和工作效率，是薪酬研究、设计和管理的核心内容。合理、公平和富有竞争力的薪酬是激励员工努力工作的最重要因素之一。有效的薪酬体系及其管理机制与激励之间是一个良性的互动过程。有效的薪酬机制必然激励员工以更高的效率和质量完成工作，因为更高效率和质量的工作必然为其带来更高的薪酬。

（一）需求层次理论

以美国行为科学家马斯洛为代表的需求层次理论，分成生理需求（physiological needs）、安全需求（safety needs）、爱和归属感（love and belonging）、尊重需求（esteem needs）和自我实现需求（self-actualization needs）五类，依次由较低层次到较高层次排列。在自我实现需求之后，还有自我超越需求（self-transcendence needs），但通常不作为马斯洛需求层次理论中必要的层次，大多数科学家会将自我超越合并至自我实现需求当中。

假如一个人同时缺乏食物、安全、爱和尊重时，通常对食物的需求是最强烈的，其他需要则显得不那么重要。此时人的意识几乎全被饥饿所占据，所有能量都被用来获取食物。在这种极端情况下，人生的全部意义就是吃，其他什么都不重要。只有当人从生理需要的控制下解放出来时，才可能出现更高级的、社会化程度更高的需要，如安全的需要。

由此可见，人的需求是多样和逐层上升的，但在某个时段，总有一种需求占主导地位。在主导需求被主要满足之后，人的需求就会向更高的层次发展。人的低级需求被满足之后，曾经为满足这些需求所提出的措施，就不再具有激励作用。但高级需求越是得到满足，越能产生令人满意的激励效果。需求层次理论基本符合人类需求的共同规律和多样性的特点。但是，具体的个体由于意识、价值观和世界观的不同，需求的满足过程并不是一个从低到高的过程。有些人始终停留在低级层次的需求，比如一个生活在落后而封闭的山区的农民。有些人则从来就是追求高级层次的需求，比如在宗教领域，这点就尤其明显。

（二）双因素理论

双因素理论是美国心理学家赫兹伯格在需求层次理论基础上进一步发

展并创立的。他通过大量的调查、访谈和研究，得出了影响员工工作态度的两种因素。一种是使员工对工作满意的因素，称为激励因素；另一种是使员工对工作不满意的因素，称为保健因素。激励因素只有满意和没有满意之分，保健因素只有不满意和没有不满意之分。也就是说，不满意因素消除之后，不一定会带来满意，即激励作用。只有激励因素得以充分发挥，才能给员工带来工作满意感，并产生有效的激励作用。

双因素理论在企业制定激励计划及其措施中具有重要的参考价值，但它又是在一定的经济社会发展条件下产生的，因此，对构成"双因素"的不同方面的作用又不能绝对化。在一些国家或地区被认为是保健因素的东西，在另一些国家或地区可能是具有很强激励作用的激励因素。这是在薪酬设计与管理中应该注意的。所以，本书在谈到薪酬的多种功能时，笔者首先强调了它的激励功能，意味着本书以一般发展中国家的实践来评价薪酬的基本作用。赫茨伯格双因素理论的核心在于"只有激励因素才能够给人们带来满意感，而保健因素只能消除人们的不满，但不会带来满意感"这一论断，因此如何认定与分析激励因素和保健因素并"因材施政"才是关键。比如就销售人员的工资薪金设计来说，按照双因素理论，应该划分为基础工资与销售提成两部分，基础工资应属于保健因素，销售提成则属于激励因素。对销售人员而言，通常做法是低工资、高提成，这样才能促使销售人员尽可能地多做业务。所以，将赫茨伯格双因素理论运用于管理，首先，在于对存在的各因素进行质的分析与划分，明确或创造出保健与激励因素两部分；其次，再进行量的分析与划分，既保障保健因素的基本满足程度，又尽量地加大激励因素的成分，从而最大限度激发员工工作的积极主动性。保健因素与激励因素的实质区别就在于"平等因素"与"公平因素"的区别，凡是共同享有的、共同承受的、共同面对的就是平等因素，而与其工作职责目标紧密统一的，必须按工作成就和成绩分层次、分等级享有、承受与面对的则就是"公平因素"。凡是平等的必然是保健的，因而必须给予其基本满足，但却是永远难以完全满足的因素；相反，凡是公正的必然是激励的，因而虽然这是员工不会主动要求的，但却能最大限度地激励员工，从而也是应该提倡与实施的。

我们知道了保健因素与激励因素的实质区别，就明白了保健因素与激励因素实际上只是形式上的区别，而没有内容上的区别，任何内容都可能因平等享有或公平处置而具有保健性或激励性。当然，除了可将多项内容划分为保健与激励的,也可将一项内容划分为保健与激励的,例如,薪金就可划分为基本工资与奖金两部分。

保健因素与激励因素在量上的划分,关键还是取决于工作的性质。当员工的工作对安全舒适度要求很高时,高工资、高福利政策也就是必需的,比如很多高科技公司之所以对员工在福利待遇上照顾得无微不至、工作环境也搞得优美随意、工作时间非常宽松,其原因就在于高科技公司的工作是高创造性的,创造是需要灵感的,而灵感的产生往往需要创造人心无旁骛,因此高基本工资福利与高福利待遇也就显得非常重要。相反,当员工的工作性质需要高外向性,必须面对外面各种令人畏难的艰难困苦环境时,实施低基本工资与高机动工资也就非常必要,俗话所说的"重赏之下必有勇夫"就反映了这一道理。

(三) 期望理论

期望理论(expectancy theory)是由北美著名心理学家和行为科学家维克托·弗鲁姆于1964年在《工作与激励》中提出来的激励理论(motivational theory)。期望理论充分研究了激励过程中的各种变量因素,并且具体分析了激励力量大小与各种变量因素之间的函数关系。它认为当人们预期到某一行为能给个人带来既定的结果,且这种结果对个人具有足够的吸引力时,个人才会采取这一特定的行为。它包括以下三种变量因素的联系:①努力与绩效的联系,即个人感觉通过一定程度的努力而达到工作绩效的可能性;②绩效与奖赏的联系,即个人对达到一定工作绩效后可能获得理想的奖赏结果的信任程度;③奖赏与满足的联系,即工作绩效达到后所获得的奖赏对个人需求的满足程度。显然,只有当个人感到上述三种联系十分密切时,他才会受到充分的激励。

期望理论存在的明显不足,其一是忽略了个人能力因素;其二是无法解释高成就需要者的行为的激励现象,他们的行为动力直接来源于个人目标的追求,而并不在乎获得的绩效及组织的奖励;其三是仅仅从人的内部因素方面来考察影响个体的行为,而实际上,人的行为同时受到许多外部因素的影响。但是,该理论运用严密的理论公式和量化分析的方法,对激励过程中各种变量因素之间的联系进行了令人信服的解释,是对激励理论解释最为全面的一种理论,至今仍被广为推崇,对现代企业薪酬管理仍具有十分重要的指导作用。期望理论提出了目标设置与个人需求相统一的理论。期望理论假定个体是有思想、有理性的人,对于他们生活和事业的发展,他们有既定的信仰和基本的预测。因此,在分析激励雇员的因素时,我们必须考察人们希望从组织中获得什么,以及他们如何能够实现自己的愿望。期望理论也是激励理论中为数极少的量化分析理论。这一理论并不满足于对问题的定性说明,还非常重视定量分析。它通过对各种权变因素的分析,正确说明了人们在多种可能性中所做出的选择。也就是说,人们的行为选择通常是效用最大的,或者说人们的现实行为是其激励力量最大的行为选择。这不仅是激励理论的重要发展,同时在实践中也更具操作性。

(四) 公平理论

亚当斯的公平理论认为,每个员工不仅关心自己工作所得的绝对报酬,而且更关心自己的相对报酬。员工经常会把自己所得到的报酬与付出的劳动之间的比率同他人的比率进行横向比较,也会把自己目前所得到的报酬与付出劳动之间的比率同自己过去的比率进行纵向比较。如果员工认为自己的这个比率和他人的以及自己过去的比率是相同的,则会产生公平感。实际上,在一般情况下,如果员工认为自己的这个比率高于他人以及自己过去的比率,也不会产生不公平感。因为主观上,人们都容易高估自己的付出而低估自己的所得,或高估他人的所得而低估他人的付出。但是,如果员工认为自己的这个比率低于他人以及自己过去的比率,则会产生不公平感,并努力采取行动去纠正它。而这种纠正行动带来的往往是负面的工作绩效。

公平理论的最大缺陷是对可供参照和比较的相关因素没有做出确定的分析和进一步的研究,使现实中的对比容易产生偏离。但是,公平理论对现实中薪酬的研究、设计和管理依旧具有直接的指导意义。

相关的激励理论还有 X 理论和 Y 理论、成就需要理论、ERG 理论和强化理论等。仔细分析各种激励理论,我们会很容易发现,尽管它们之间存在着许多差异,但实际上它们之间同时存在着非此即彼的共通之处。比如在期望理论中的努力—绩效和绩效—奖励两种关系中,实际上存在着强化关系,即努力取得高绩效会强化努力程度,而高绩效导致的高奖励又会产生追求高绩效和高奖励的双重强化。再如在期望理论中的绩效—奖励关系中,个人实际得到的奖励与个人预期得到的奖励的比较,事实上会导致公平理论中的公平感问题。在公平理论中,个人获得了公平感,实际上只是消除了双因素理论中的保健因素,若能更多地领会各种理论之间的相互关系，做到融会贯通，将更好地指导管理实践。

激励理论对本书的启示是：若要设计一套合理、科学的薪酬体系，必须充分考虑并满足不同员工的需要，以激励员工的工作热情，提高员工的工作绩效。

第二节 薪酬界定

什么是薪酬？薪，指薪水，又称薪金、薪资，所有可以用现金、物质来衡量的个人回报都可以称之为薪，也就是说薪是可以数据化的，我们发给员工的工资、保险、实物福利、奖金、提成等都是薪，做工资、人工成本预算时我们预计的数额都是"薪"。酬，指报酬、报答、酬谢，是一种着眼于精神层面的酬劳。有不少的企业，给员工的工资不低，福利不错，员工却还对企业有诸多不满，到处说企业坏话；而有些企业，给的工资并不高，工作量不小，员工很辛苦，但员工却很快乐。这是为什么呢？究其源，还是在付"酬"上出了问题。当企业没有精神、没有情感时，员工感觉没有梦想、没有前途、没有安全感，就只能跟企业谈钱，员工跟企业间变成单纯的交换关系，这样的单纯的"薪"给付关系是不会让员工产生归属感的。薪酬与工资、报酬、收入和待遇等我们常见的名词又有什么区别？目前，国内对此并无明确的界定，因为薪酬是伴随着我国改革开放和建立市场经济的过程中，从国外人力资源管理理论中引进的新名词。实际上，它与我们日常所理解的工资、报酬、收入和待遇等在本质、功能和形式上并无实质性的区别。

在经济学上，薪酬是指劳动者依靠劳动所获得的所有劳动报酬的总和。现代意义上的企业薪酬，是指企业对为实现企业目标而付出劳动的员工以法定货币和法定形式定期或不定期支付给员工的一种劳动报酬。它包括直接经济报酬和间接经济报酬两个方面。直接经济报酬包括以工资、奖金和利润分成等形式表示的个人所获得的显性货币化收入；间接经济报酬包括转为住房、医疗和退休养老保障等各种福利的隐性货币化收入。而实际上，广义的薪酬还应包括企业提供的工作内容本身的挑战性、趣味性和成就感，良好的工作环境，合理的政策和机制，高素质的人力资源结构和良好的同事关系，弹性工作时间以及一定的社会地位标志等许多非经济报酬内容。

为了统一概念，本书中所出现的工资、报酬、收入和待遇等名词，大都从直接经济报酬这个概念的意义上来理解，即薪酬的本质是企业与员工之间对劳动者的能力进行等价交换的反映。它具有以下一些特性：一是以劳动关系存在为前提，只有当企业与员工之间存在劳动关系时才可能产生这种等价交换；二是企业以法定货币和法定形式定期或不定期支付员工劳动报酬；三是能具体反映劳动力市场上劳动力供求关系的变化。

不同的国家和地区、不同的企业，其工资水平是不同的。对企业来说，总是希望以更低的薪酬雇佣到更好的员工；而对于员工来说，总是希望以同样的劳动获得更高的薪酬。另外，因为本书对薪酬进行分析时会经常使用岗位和职位这两个目前国内定义比较混乱的名词，为了便于理解，有必要在此进行界定。岗位是指根据组织目标为个人规定的一组任务及其相应的责任的名称。而职位则是职务价值相同或类似的岗位的集合。比如，会计主办、招聘主办、财务经理、人力资源经理等都是岗位，而主办（部门）经理则是职位。

第三节　薪酬功能

一、激励功能

企业通过支付给员工不同的薪酬来评价员工个人的素质、能力、工作态度及其工作效果等。合理的薪酬可以促进员工产生更高的工作绩效，而更高的工作绩效又会为员工带来更高的薪酬。更高的薪酬不仅可以使员工的经济条件得到不断的改善，获得更多的社交机会，而且更高的薪酬是对员工工作能力的一种肯定，显示了员工在企业中或社会上相对价值和地位以及作用的提升，并为其赢得更多的尊重，更是其个人职业生涯成功的一种标志，从而激发其工作的满足感和成就感，使其以更高的热情投入工作。所以合理的薪酬不仅可以满足员工低层次的需求，同时还可以满足其高层次的需求，从而产生不同的激励效果，激励员工工作绩效的不断提高。从心理学的角度来说，薪酬是个人和组织之间的一种心理契约，这种契约通过员工对薪酬状况的感知来影响员工的工作行为、工作态度以及工作绩效，即对其产生激励作用。根据马斯洛的需要层次理论，我们可以发现，员工对于薪酬的需要在五个层次上都有所表现：第一，员工期望所获得的薪酬能够满足自己的基本生活需要；第二，员工期望自己的薪酬收入更加稳定或者稳定的薪酬收入部分有所增加；第三，员工期望自己所获得的薪酬与同事之间具有一种可比性，得到公平对待；第四，员工期望自己能够获得比他人更高的薪酬，以作为对个人的能力和所从事工作的价值的肯定；第五，员工期望自己能够获得过上更为富裕、质量更高的生活所需要的薪酬，从而进入一种更为自由的生存状态，充分实现个人的价值。一般情况下，在员工的低层次薪酬需要得到满足以后，通常会产生更高层次的薪酬需要，并且员工的薪酬需要往往是多层次并存的。因此，企业必须注意同时满足员工的不同层次的薪酬需要。

从激励的角度来说，员工的较高层次薪酬需要得到满足的程度越高，则薪酬对员工的激励作用就越大；反之，如果员工的薪酬需要得不到满足，则很可能会产生消极怠工、工作效率低下、人际关系紧张、缺勤率和离职率上升、组织凝聚力和员工对组织的忠诚度下降等多种不良后果。事实上，从我们在很多中国企业所做的员工满意度和组织承诺度调查结果来看，在现阶段，中国员工对于企业薪酬制度以及薪酬水平的满意度总体上来说都不是很高。这种情况不仅在薪酬水平不高的企业中存在，在一些薪酬水平已经很高的企业中同样存在。比如，在笔者曾经咨询过的一家平均工资相当于当地平均工资水平1.5倍的企业中，员工对薪酬的总体满意度水平在一个5分尺度中只能达到2.86分，满意度最低的营销人员只有2.36分。这说明，薪酬问题不仅涉及薪酬水平，还涉及员工对薪酬的心理期望与企业实际薪酬状况之间的差距。经验表明，在其他条件相同的情况下，不能满足员工的合理薪酬期望的企业很容易出现员工满意度低和流动率高的现象。

二、保障功能

员工通过劳动获得薪酬来维持自身的衣食住行等基本生存需要，以保证自身劳动力的再生产。同时，他还必须利用这些薪酬来养育子女和保证自身的进修学习，以实现劳动力的再生产和人力资本的增值。因此，薪酬是保证企业人力资源生产和再生产的基本因素。从经济学的角度来说，薪酬实际上就是劳动力这种生产要素的价格，其作用就在于通过市场将劳动力，尤其是具有一定知识、技能和经验的稀缺人力资源配置到各种不同的用途上去。因此，薪酬最终表现为企业和员工之间达成的一种供求契约，企业通过员工的工作来创造市场价值，同时，企业对员工的贡献是提供经济上的回报。在市场经济条件下，薪酬收入是绝大多数劳动者的主要收入来源，它对于劳动者及其家庭的生活所起到的保障作用是其他任何收入保障手段都无法替代的。当然，薪酬对于员工的保障并不仅仅是满足员工在吃、穿、用、住、行等方面的基本生存需要，它还要满足员工在娱乐、教育、自我开发等方面的发展需要。总之，员工薪酬水平的高低对员工及其家庭的生存状态和生活方式所产生的影响是非常大的。

三、调节功能

薪酬差别是企业实现人力资源合理流动和配置的一个重要"调节器"。一是企业可以通过薪酬水平的变动和倾斜，将企业目标和管理者意图传递给员工，促使员工个人行为与企业期望的行为最大限度地趋于一致，并引导内部员工合理流动，从而调整企业生产和管理环节上人力资源的数量和质量，实现企业内部各种资源的高效配置。二是企业通过制定有效的薪酬差距水平，可以吸引更多企业急需的人力资源。三是促进战略实现，改善经营绩效，如：一方面，人和人的工作状态是任何企业经营战略成功的基石，也是企业获得优良经营绩效的基本保障；另一方面，不谈薪酬，我们就无法谈及人和人的工作状态。薪酬对员工的工作行为、工作态度以及工作业绩具有直接的影响，薪酬不仅决定了企业可以招募到的员工的数量和质量，以及企业中的人力资源存量，同时，它还决定了现有员工受到激励的状况，影响他们的工作效率、缺勤率、对组织的归属感以及组织承诺度，从而直接影响企业的生产能力和生产效率。薪酬实际上是企业向员工传递的一种特别强烈的信号，通过这种信号，企业可以让员工了解，什么样的行为、态度以及业绩是受到鼓励的，是对企业有贡献的，从而引导员工的工作行为和工作态度以及最终的绩效朝着企业期望的方向发展。相反，不合理和不公正的薪酬则会引导员工采取不符合企业利益的行为，从而导致企业经营目标难以实现和价值观混乱。因此，如何通过充分利用薪酬这一利器来改善企业经营绩效，是企业薪酬管理的一个重大课题。例如，薪酬会对员工的工作行为和态度发挥很大的引导作用，因此，合理的和富有激励性的薪酬制度有助于企业塑造良好的企业文化，或者对已经存在的企业文化起到积极的强化作用；但是，如果企业的薪酬政策与企业文化或价值观之间存在冲突，那么，它就会对组织文化和企业的价值观产生严重的消极影响，甚至会导致原有的企业文化土崩瓦解。举例来说，如果组织推行的是以个人绩效为基础的可变薪酬方案（如计件工资制），则会在组织内部起到强化个人主义的作用，使员工崇尚独立、注重彼此之间的相互竞争，其结果是导向一种个人主义的文化；反之，如果薪酬的计算和发放中存在较突出的以小组或团队绩效为基础的成分，则会强化员工的合作精神和团队意识，使得整个组织更具有凝聚力，从而支持一种团队文化。事实上，许多公司的文化变革往往都伴随着薪酬制度和薪酬政策的变革，甚至是以薪酬制度和薪酬政策的变革为先导。这从一个侧面反映了薪酬对企业文化的重要影响。

四、增值功能

对企业而言，薪酬作为企业用于交换员工劳动的一种成本投入，实际上是对活劳动（劳动要素）的数量和质量的一种投资，与其他资本投资一样，是为了带来预期的大于成本的收益。首先，薪酬是一种成本。从企业的视角来看，企业存在最主要的目的是获得利润，而利润本身等于收入和成本之间的差额。很显然，在企业的经营收入和其他成本不变的情况下，作为经营成本一部分的薪酬成本越低，企业能够获得的利润就会越多。虽然薪酬成本在不同行业和不同企业的经营成本中所占的比重不同，但是对于任何企业来说，薪酬成本都是经营成本中最为重要的组成部分之一。一般而言，总薪酬在大多数企业的总成本中占40%～90%。比如，薪酬成本在制造业的总成本中很少会低于20%，而在服务行业，薪酬总额占总成本的比重更大，往往高达80%～90%，通过合理控制薪酬成本，企业能够将总成本降低40%～60%。此外，从薪酬成本和总收入的比例关系来看，平均而言，薪酬成本往往占到企业总收入的1/4左右，有些企业会将40%甚至更多的收入用于支付员工薪酬。正因为如此，企业存在强烈的控制甚至压低薪酬成本的动机。其次，薪酬是一种投资。对于企业来说，薪酬不仅仅是一种成本，同时还具有对利润发挥积极作用的潜力。在运用得当的情况下，薪酬能够充分发挥吸引、保留、激励和开发员工的作用，引导员工表现出企业需要的正确行为和结果，帮助企业实现战略目标，提升绩效并获得更高的利润。换言之，对企业来说，降低成本并非是提高利润的方式；相反，薪酬成本的上升能够帮助企业吸引更多的人才，而这些人才能够创造更高的价值、达成更高的生产率,尽管企业薪酬总成本高于同行竞争对手,但最终企业却能够获得更高的利润和更大的投资回报率,这种情况已经在很多高薪企业的管理实践中得到了证实。所以,对于企业来说,最重要的一点是如何在薪酬成本和产生的经济收益之间达成最佳的平衡。

从社会的视角来看,薪酬对于社会和政府来说同样具有重大意义。薪酬的社会目标主要表现在促进经济发展、维护社会公正以及平衡政治利益三个方面。其一,薪酬应当有利于经济的发展。首先,薪酬在经济中有着非常重要的地位。在各国的国民生产总值中,大约60%是以薪酬的形式体现出来的,因此,薪酬水平的高低会直接影响到国民经济的正常运行。在经济全球化的时代,一国的薪酬水平还可能会影响到该国的产品竞争力,在过去的三十多年中,我国由于劳动力成本较低而吸引了大批国际上的投资,但随着近十几年来我国薪酬水平快速上升,我国的劳动力成本优势逐渐减弱,很多外资企业将生产活动转移到其他国家和地区,甚至像福耀玻璃这样的国内企业也开始到美国这样一些劳动力成本较高的国家和地区投资办厂,尽管薪酬成本不是企业在投资时考虑的成本因素,但仍然对企业的投资有着重大影响。其次,薪酬是劳动力市场的价格信号,一个国家的人力资源正是通过这样一种市场信号被配置到不同的岗位、企业、职业以及地区中的,同时,很多人力资本决策也受到薪酬这个价格信号的影响。如果薪酬受到过多不合理的干预,导致价格信号失真,则会对社会的人力资源配置效率产生不利的影响。实际上,政府干预等原因导致的劳动力成本过高的问题,一直是讨论的焦点。其二,薪酬应当有助于促进社会公正和稳定。一国劳动者的总体薪酬水平是衡量该国总体社会经济发展水平的一个重要指标。合理的薪酬可以满足人们的多种需要,不断提高人民的生活质量,促进社会繁荣;一旦薪酬分配不合理,尤其是提供的保障功能不足,则有可能引发社会动荡,带来许多社会问题。正是由于薪酬不仅仅是企业和劳动者之间的一种经济交易,它还会影响到整个社会收入分配的公平公正,影响到整个社会的稳定,因此,世界各国对薪酬都很重视,市场经济国家也从早期的薪酬不干预政策转变到制定一系列法律法规来确保薪酬管理的规范化。政府在这方面的努力主要表现在制定最低工资,促进同工同酬和反收入分配歧视,加强社会保障体系建设,以及确保薪酬及时、足额支付等。其三,薪酬应当有助于平衡各方面政治力量的利益诉求。薪酬不仅是一个经济问题、一个社会问题,同时也是一个政治问题。雇主、劳动者、作为劳动力联盟的工会、不同的政治派别以及其他方面的政治力量，都会在涉及收入分配、反歧视、反贫困、资本和劳动之间的矛盾等问题时，表达自己的政治见解，提出相应的利益诉求和解决问题的政策建议。比如，在存在集体谈判的市场经济国家，工会对企业的薪酬问题甚至国家的相关立法会产生较大的影响，此外，不同的政党或学派对于政府应当在多大程度上干预企业的薪酬福利存在不同的观点，例如，在政府是否应当实施最低工资立法的问题上，依然存在较大的争论。

第四节　影响薪酬的因素

根据影响薪酬的因素确定合理的薪酬水平是企业薪酬管理最重要的内容之一。总的说来，影响和决定薪酬水平的因素可以分为两大类：一是外部因素；二是内部因素。

一、外部因素

（一）劳动力市场的供求关系

企业必须根据劳动力市场的供求变化支付薪酬，劳动力市场的变化及其差异形成对薪酬支付的限制。而劳动力市场，从某种意义上讲，是指雇主和求职者以薪酬和其他工作奖励交换组织所需要的技能与行为的场所。影响劳动力市场供求关系的因素具体包括：劳动力市场的地理区域、劳动力供求影响、内部劳动力市场、失业率和离职率以及政府与工会等。劳动力市场的状况直接影响企业劳动力的供给，主要表现在两个方面：一是雇用数量；二是雇用价格，即薪酬水平。在市场经济条件下，劳动力市场的供求与薪酬的关系是一种相互作用的关系。在劳动力供不应求时，企业就会提高薪酬以满足企业生产经营对劳动力的需求，这时就会有更多的人愿意进入劳动力市场，从而增加劳动力的供给。另一方面，提高薪酬会引起企业对劳动力需求的减少。这时候，劳动力市场就会出现供过于求的情况，企业为了减少成本投入，就会压低薪酬。企业的薪酬水平就这样一直围绕着劳动力市场供求的变化而上下波动。

（二）经济发展水平和劳动生产率

衡量经济发展水平最重要的指标之一是国民收入。在工资占国民收入比例不变的情况下，国民收入越高，工资水平的绝对值就越高；反之，则越低。同时，劳动生产率也是衡量国家和地区经济发展水平的一个重要指标。发达国家与发展中国家，发达地区与欠发达地区薪酬水平的差别，主要是劳动生产率的差别。此外，不同的产业，特别是新兴的产业和传统的产业的薪酬水平的差别，实际上也是劳动生产率的差别。

（三）地区差别

不同的地区物价水平不同，导致各地区所需的基本的生活费用不同，这必然会影响到当地企业的薪酬水平。此外，不同地区的道德价值观也同样会影响薪酬水平和薪酬制度。在注重精神生活，或倾向于"平均""稳定"的思想的地区，薪酬水平就可能会低些，薪酬差距的幅度也不会太大。反之，薪酬水平就会高些，差距也会大些。企业战略意图决定企业对不同职位薪酬水平的支付意愿，尤其是竞争战略对企业薪酬水平最为直接，它反映了企业经营业务对环境的反应。通常，低成本战略会考虑控制薪酬水平；而差异化和创新战略则会在薪酬水平策略选择上较为宽松。

（四）政府的宏观调控政策

在社会主义市场经济条件下，政府对企业工资水平的调控政策主要通过三种方式。一是以建立和完善劳动力市场为中心，用宏观经济政策调节劳动力供求关系，引导市场，从而间接地影响企业薪酬水平。二是利用税收政策，比如征收个人收入所得税等经济手段间接制约企业的薪酬水平及其分配政策。三是通过法律形式，用立法来规范和直接约束企业的薪酬水平及其分配形式，如最低工资标准制度等。

影响薪酬的外部因素，概括起来，其实只有一句话，那就是某个岗位所需要的员工在当地劳动力市场上的价格。

二、内部因素

（一）企业的经济效益

尽管企业薪酬政策具有明显倾向于以市场行情来定价的趋势，但是企业的经济效益始终是衡量企业薪酬支付能力的唯一指标。对于大多数企业而言，企业自身的经济效益仍是决定企业薪酬水平最重要的因素之一。这也是为什么经济效益好的企业或盈利水平高的行业（如垄断行业、IT行业）的薪酬水平高于一般企业的缘故。当然，企业的经济效益对薪酬的影响可能具有间接性和远期性的特点。

（二）企业的薪酬政策

企业的薪酬政策直接影响和决定了薪酬的总体水平、分配形式、不同职位薪酬的差距水平和各种薪酬内容的构成比例。同时，企业的薪酬政策也是企业文化的一个重要内容，必然受到企业文化的影响。例如，在一个强调以金钱和物质来激励员工的企业和一个强调以工作内容本身的挑战性和趣味性等来激励员工的企业，其薪酬政策一定是不同的。

（三）员工的配置

一个企业人力资源数量和质量的总体水平及其配置的有效与否，决定了一个企业的劳动生产率的高低，也决定了企业的产值和经济效益水平，进而决定了企业总体的薪酬水平。薪酬作为企业成本的一个重要组成部分，在薪酬成本一定的情况下，人力资源的配置越是低效（也就是员工配置的数量越多或质量越低），平均的薪酬水平也就越低。另外，员工个人的知识水平、能力、态度和努力程度所决定的贡献与业绩，也是影响员工个人薪酬水平的一个重要因素。这一点常常被大家所忽视，使得许多员工总是抱怨企业的薪酬太低和不合理。在市场经济条件下，各种外部因素并不是影响薪酬的决定性因素，企业内部因素才是主导因素。

第五节　薪酬的基本形式

薪酬形式是指企业根据员工在不同时期、不同条件下所提供的劳动数量和质量的不同，对员工相应的劳动报酬所得应采取不同的计算与支付方式。它是薪酬管理的重要组成部分。

传统的薪酬形式一般有两种，即计时工资制和计件工资制，其他形式均是这两种薪酬形式基础上的延伸和细分。

一、年薪制

年薪制是建立现代企业制度、完善激励机制的一项重要举措，也是对旧分配制度的一个重大突破。随着社会主义市场经济的建立和不断完善，以及企业经营权和所有权的分离，近几年，国内企业在借鉴国外企业先进的管理制度的过程中，引进了年薪制的概念。年薪制是以年度为单位，依据企业的生产经营规模和经营业绩，确定并支付经营者年薪的分配方式。

年薪制是顺应资本主义国家分配制度的变革而产生的。在国外，企业经历了业主制、合伙制和公司制3种形式。随着公司规模的不断扩大，所有权和控制权逐渐分离，在社会上形成了一支强大的经理人队伍，企业的控制权逐渐被经理人控制。为了把经理人的利益与企业所有者的利益联系起来，使经理人的目标与所有者的目标一致，形成对经理人的有效激励和约束，从而产生了年薪制。因此年薪制是为探索和建立有效的激励与制约机制，使经营管理者获得与其责任和贡献相符的报酬，逐步实现企业经营管理者及其收入市场化，企业依据自身规模和经营业绩，以年度为单位支付经营管理者收入的一种分配制度，其主要对象是企业的经营管理人员。经营管理者年薪通常由基本年薪和风险年薪两部分组成。从人力资源的角度看，年薪制是一种有效的激励措施，对提升绩效有很大的作用。年薪制突破了薪资机构的常规，对高层管理人员来说，年薪制代表身份和地位，能够促进人才的建设，也可以提高年薪者的积极性。但薪酬中的很大一部分年薪制是和本人的努力及企业经营好坏情况相挂钩的，因此也具有较大的风险和不确定性。

目前，在国内企业特别是国有企业，年薪制主要还是针对企业经营者。其实施的基本原则是把企业经营者的收入与企业普通员工的收入区分开来。年薪一般由基本薪资和风险收入组成，其中，基本薪资主要根据企业的资产规模、获利能力、行业特征以及经营者以往的业绩和自身现在的素质等因素，再参照本地区本企业的实际工资水平来确定。它一般不跟经营者的实际经营业绩挂钩，无论经营好坏，经营者的基本薪资都固定发放。它体现的是对经营者特殊的人力资本价值的认可以及在经营过程中实际劳动付出的回报。风险收入，也称为绩效收入，它完全根据经营者的业绩（主要是经营利润），按照一定的比例提取。对经营者的业绩评价包括税后净利润、资产保值增值率、投资收益率、销售增长率、资产良好率和资产负债率等多项综合性指标。

目前国内的年薪制实行模式不下十种，但真正归纳起来其实只有两种。这两种模式的主要结构都是由基本工资、风险收入和一些其他福利组成，不同的是其中一种是把风险收入直接转化为货币收入，而另一种却是把风险收入转化为期货或股票期权的形式。两种模式各有利弊，但实行期股或股票期权的模式的相关条件要求比较高。目前国内许多企业特别是国有企业并不具备实行后者的成熟条件。我国从90年代初开始在部分省市实行年薪制，之后逐渐推行到全国各地。由于市场经济规则的不完善和现代企业制度的不完全建立，以及缺乏可借鉴的经验等，年薪制在实行过程中，遇到了许多问题和挫折，甚至失败。但这并不表明年薪制在我国没有生存的空间和发展的前景，它只是表明，在我国需要进一步完善有效实施年薪制的内部条件和外部环境。而且，国外的实践经验告诉我们，市场经济体制下两权分离的现代企业，实施经营者年薪制是解决"代理问题"和"内部人控制"问题的最佳方式，也是激励经营者积极性、创造性、能动性和长期性的有效途径。所以，实行年薪制，对中国企业来说势在必行。

二、结构工资制

(一) 结构工资制概述

结构工资制亦称"组合工资制"，是根据职工的职务、工龄、基本生活需要和实际劳动成果等因素在工资总额中所处地位来确定其比重，从而组成为复合工资的一种工资制度。它的特点是：将职工的工资按照性质划分几个部分，各部分分别担负不同职能，互相区别又相互补充，实现合理的有机组合。

结构工资的模式多种多样，概括起来，都是以职务工资或岗位工资为主体，把工资分为固定的和活动的两大部分。我国从1985年在国家机关和部分事业、企业单位实行这种新的工资形式。

企业结构工资制的内容和构成，不宜简单照搬国家机关、事业单位的现行办法，各企业可以根据不同情况做出不同的具体规定。其组成部分的数量可以按劳动结构的划分或多或少；各个组成部分的比例，可以依据生产和分配的需要或大或小，没有固定的格式。一般包括基础工资、岗位工资或技能工资、效益工资、浮动工资、年功工资五个部分。

1. 基础工资

基础工资即保障职工基本生活需要的工资。设置这一工资单元的目的是为了保证维持劳动力的简单再生产。基础工资主要采取按绝对额或系数两种办法确定和发放。绝对额办法，主要是考虑职工基本生活费用及占总工资水平中的比重，统一规定同一数额的基础工资；系数办法，主要是考虑职工现行工资关系和占总工资水平中的比重，按大体统一的参考工资标准规定的职工本人标准工资的一定百分比确定基础工资。

2. 岗位工资或技能工资

岗位工资或技能工资是根据岗位（职务）的技术、业务要求、劳动繁重程度、劳动条件好坏、所负责任大小等因素来确定的。它是结构工资制的主要组成部分，发挥着激励职工努力提高技术、业务水平，尽力尽责完成本人所在岗位（职务）工作的作用。岗位（职务）工资有两种具体形式，一种是采取岗位（职务）等级工资的形式，岗（职）内分级，一岗（职）几薪，各岗位（职务）工资上下交叉；另一种是采取一岗（一职）一薪的形式。岗位（职务）工资标准一般按行政管理人员、专业技术人员、技术工人、非技术工人分别列表。

3. 效益工资

效益工资是根据企业的经济效益和职工实际完成的劳动的数量和质量支付给职工的工资。效益工资发挥着激励职工努力实干、多做贡献的作用。效益工资没有固定的工资标准，它一般采取奖金或计件工资的形式，全额浮动，对职工个人上不封顶、下不保底。

4. 浮动工资

浮动工资是劳动者劳动报酬随着企业经营好坏及劳动者劳动贡献大小而上下浮动的一种工资形式。浮动工资形式多样，有利于调动职工群众的积极性，促使职工群众关心集体事业。

5. 年功工资

年功工资是根据职工参加工作的年限，按照一定标准支付给职工的工资。它是用来体现企业职工逐年积累的劳动贡献的一种工资形式。它有助于鼓励职工长期在本企业工作并多做贡献，同时，又可以适当调节新老职工的工资关系。年功工资采取按绝对额或按系数两类形式发放的办法。绝对额办法又可分为按同一绝对额或分年限按不同绝对额的办法发放。按系数办法又可分为按同一系数或不同系数增长的办法发放。一般来说，增加年功工资，主要决定于职工工龄的增长，同时还应决定于职工的实际劳动贡献大小和企业经济效益高低。只有这样，才能更好地发挥这一工资单元的作用。该工资单元各个组成部分具有内在的联系，互相依存，互相制约，形成一个有机的统一体。

（二）结构工资制应用

结构工资制是为了适应建立现代企业制度的需要，在企业内部薪酬改革中完善起来的一种薪酬制度。它根据薪酬各个不同的功能，将薪酬总额分解成几个有机的组成部分，并将各部分再分解成为若干等级，然后分别确定薪酬数额。其各个组成部分及其等级均有其质和量的规定，各有其特点和作用方式。结构工资制一般适用于无法直接用量化进行考核或不是直接创造经济效益的部门，通常是技术、后勤和管理部门。目前国内企业普遍实行的岗位技能工资制就是其中的一种。

结构工资制主要由维持最低工资标准的基本工资和按照岗位性质决定的岗位（技能）工资，以及作为考核员工工作绩效的绩效工资组成，另外还有技能工资和年功工资。结构工资的构成部分及其比例并没有明确的规定，各个企业可以根据自己的需要自由选择。但一般情况下，相对固定的工资部分占工资总额的50%~80%，绩效工资一般跟企业的效益或个人的工作绩效挂钩，具有一定的浮动性，所以又称为浮动工资（奖金）。

结构工资制的主要优点是：

第一，有利于稳定企业管理人员，减少他们的流动所带来的摩擦和成本增加。因为管理人员的工作数量和质量并不随着企业经济效益的波动而明显的增减。如果相对稳定的薪酬具有市场竞争力，无疑将会减少企业员工的流动率。

第二，科学合理的分等定级。首先，对于相同的职位，由于岗位性质的不同和所担任员工胜任的程度不同，给予了公平的付酬依据；其次，会给不同层次的员工设置一系列攀爬的阶梯，使其感到自身在企业具有良好和充裕的发展空间，有利于调动其工作积极性。

第三，将薪酬总额按照一定的比例分解成相关的组成部分，能够更好地发挥薪酬的各个功能，具有灵活的调节作用，并有利于合理安排各种员工的薪酬关系，而且便于控制薪酬成本。

第四，采用结构工资制可以使技术人员的职称与管理人员的职务结合起来分等定级，统一核算职位工资，便于企业薪酬的有效管理。

当然，结构工资制的成败关键取决于薪酬结构的各个组成部分的选择及其比例的设置，以及具体的分等定级是否科学合理。

三、提成工资制

提成工资制，又称"拆账工资制"或"分成工资制"，是一种按照企业的销售收入或纯利润的一定比例提取工资总额，然后根据职工的技术水平和实际工作量计发工资的形式。这种形式适用于劳动成果难以用事先制定劳动定额的方法计量、不易确定计件单价的工作。在部分饮食业、服务业和商业中多实行这种工资形式。它主要适用于从事业务或市场销售等可以直接以量化考核工作绩效的员工。提成工资制一般有两种。一种是员工的个人薪酬完全根据其业绩（通常是销售额或业务利润）按一定的比例来提成，即所谓的佣金制。另一种是由基本工资加上业绩提成奖金，即所谓的基薪加提成制。基本工资一般是员工维持基本生活的最低保障，但同时也是对员工人力资本的实际肯定；业绩提成奖金则是根据员工个人实际完成的业绩来提成的奖励。基薪加提成制又有两种方式，即高基薪低提成和低基薪高提成。一般而言，企业在刚开始拓展市场和业务时，宜采用高基薪低提成的方式，因为此时业务员取得业务利润的难度相对较大；而在市场和业务较为稳定时，则宜采用低基薪高提成的方式。

根据国内外的成功企业的实践经验可知，基薪加提成制相较于佣金制显得更为科学合理。因为基本工资不但解除了员工的后顾之忧，而且提高了员工的工作热情，使其能够更好地投身于业务工作，同时也符合国家最低保障工资标准的法律规定。而佣金制则完全根据个人的业绩以量化的考核方式来确定，业绩好的员工报酬高，业绩差的员工报酬低，这种方式被认为是对业务人员最有激励效果的薪酬方式。但它的弊端是业务人员没有安全感，容易导致他们的高流动率，增加企业的人力成本以及市场销售业务的不稳定性。

四、固定工资制

固定工资制（又称：纯粹薪水制度、固定薪金制度）是指无论销售人员的销售额是多少，其在一定的工作时间之内都获得固定数额的报酬，即一般所谓的计时制。固定工资制通常工作时间在八小时内，固定报酬的调整主要依据对销售人员的表现及销售结果的评价。简单来说，固定工资制就是指在一定时间内支付给员工的工资是一个确定不变的数额的一种薪酬方式。它一般适用于企业内低层的文员或后勤服务保障人员，如司机、保安、接线员、保洁员和打字员等。因为这些人员工作的重要性相对较低，而且流动性高，所以一般采取根据市场行情来确定他们的固定薪酬水平。尽管他们的薪酬不与企业的任何经济效益指标挂钩，但仍可以据他们的工作能力或努力程度等进行考核，并根据考核结果，在固定薪酬总额中按一定比例适当浮动。

五、计件工资制

计件工资制是指按照生产的合格品的数量（或作业量）和预先规定的计件单价来计算报酬，而不是直接用劳动时间来计量的一种工资制度。计件工资制是间接用劳动时间来计算工资的制度，是计时工资制的转化形式。它的一般表现形式有：超额累进计件、直接无限计件、限额计件、超定额计件等。简单来说，计件工资制就是根据员工在规定时间内实际完成的可以量化的工作量或合格产品的数量，按照预先确定的计件单价计算和支付报酬的一种薪酬方式。它一般适用于劳动工序相对独立、产品量或工作量可以精确计量，以及产品质量有明确标准，并能对生产过程进行科学测定，管理制度比较完善和规范的生产企业。

计件工资制将劳动报酬与劳动成果最直接、最紧密地结合在一起，个人的收入与其产量的变化完全成正比关系，从而使不同的劳动者之间以及同一劳动者在不同时间上的劳动差别在劳动报酬上得到合理的反映，充分地贯彻了按劳分配的基本原则，有利于激励员工的积极性和工作热情，提高劳动生产率。

六、协议工资制

协议工资制也称为谈判工资制。它是指企业与员工（或工会组织）根据市场行情，通过谈判或协商，确定员工的薪酬水平及其支付方式的一种薪酬形式。它一般适用于企业雇佣高级人才、急需专业人才、非全职员工（顾问）或临时合作的人员。

第三章 薪酬体系设计的相关内容

第一节 薪酬体系的含义

我国薪酬体系是企业整体人力资源管理体系的重要组成部分。薪酬体系是指薪酬的构成和分配方式，即一个人的工作报酬由哪几部分构成。一般而言，员工的薪酬包括基本薪酬（即本薪）、奖金、津贴、福利四大部分。目前而言，我国的薪酬体系有职位薪酬体系、技能薪酬体系、能力薪酬体系三大体系。

（一）职位薪酬体系

1. 概念

职位薪酬体系是对每个职位所要求的知识、技能、工作职责等相关维度的价值进行评估，根据评估结果将所有职位归入不同的薪酬等级，每个薪酬等级包含若干综合价值相近的职位，然后根据市场上同类职位的薪酬水平确定每个薪酬等级的工资，并在此基础上设定每个薪酬等级的薪酬范围。

职位薪酬体系主要是针对基础薪酬的薪酬系统。国际上通行的薪酬体系主要有三种：职位薪酬体系、技能薪酬体系以及能力薪酬体系。职位薪酬体系是以工作为基础的薪酬体系，而技能和能力薪酬体系则是以人为基础的薪酬体系。

职位薪酬体系是传统的确定员工基本薪酬的制度，它最大的特点是员工担任什么样的职位就得到什么样的薪酬，只考虑职位本身的因素，很少考虑人的因素。

2. 优点和缺点

优点：

（1）实现了真正意义上的同工同酬，体现了按劳分配原则；

（2）有利于按照职位系列进行薪酬管理，操作比较简单，管理成本低；

（3）晋升和基本薪酬提高之间的连带性加大了员工提高自身技能和能力的动力；

（4）根据职位支付薪酬的做法比基于技能和能力支付薪酬的做法更容易实现客观和公正，因为对职位的重要性进行评价要比对人的技能和能力进行评价更容易达成一致。

缺点：

（1）由于薪酬与职位直接挂钩，因此当员工晋升无望时，工作积极性会受挫，甚至出现消极怠工或者离职的现象；

（2）由于职位相对稳定，与职位联系在一起的员工薪酬也就相对稳定，不利于企业对于多变的外部环境做出迅速反应，也不利于及时激励员工；

（3）强化职位等级间的差别，可能会导致官僚主义滋生，员工更为看重得到某个级别的职位，而不是提高个人的工作能力和绩效水平，不利于提高员工的工作适应性；

（4）可能会促使员工更多地采取有利于得到职位晋升的行为，不利于员工横向流动以及保持灵活性。

3. 实施条件

实施职位薪酬体系首先要对以下几个方面情况做出评价：

（1）职位内容是否已经明确化、规范化、标准化。职位薪酬体系要求纳入本系统中来的职位本身必须是明确的、具体的，企业必须保证各项工作有明确的专业知识要求和责任，同时这些职位所面临的工作难点也是具体的、可以描述的。

（2）职位的内容是否基本稳定，在短期内是否会有较大的变动。要避免因为职位内容的频繁变动而使职位薪酬体系的相对稳定性和连续性遭到破坏。

（3）是否具有按个人能力安排职位或工作岗位的机制。企业必须能够保证按照员工个人能力来安排适当职位，既不能存在能力不足担任高等职位的现象，也不能出现高能力者担任低等职位的情况。

（4）企业中是否存在相对较多的职级。无论是比较简单的工作还是比较复杂的工作，都应有较多的职位级数，以确保企业能够为员工提供一个随着个人能力的提升从低级职位向高级职位晋升的机会，否则会阻塞员工的薪酬提升通道，加剧员工的晋升竞争。

（5）企业的薪酬水平是否足够高。如果企业的总体薪酬水平不高，职位的等级又很多，处于职位序列最底层的员工得到的报酬就会非常少。

4. 设计步骤

职位薪酬体系的设计步骤主要有四个：

（1）搜集关于特定工作的性质的信息，进行工作分析；

（2）按照工作的实际执行情况对其进行确认、界定以及描述，即编写工作说明书；

（3）对职位进行价值评价，即进行工作评价；

（4）根据工作的内容和相对价值对他们进行排序，建立职位结构。

（二）技能薪酬体系

1. 概念

技能薪酬体系（Skill-based Pay，System）是指组织根据一个人所掌握的与工作有关的技能、能力以及知识的深度和广度来支付基本薪酬的一种报酬制度。这种薪资制度通常适用于所从事的工作比较具体而且能够被界定出来的操作人员、技术人员以及办公室人员。技能薪资计划通常分为深度技能薪酬计划以及广度技能薪酬计划。

2. 优点和缺点

优点：

（1）能激发员工进取精神，增强企业技术创新能力

（2）可以引起组织结构的变化以及组织价值观的变化

（3）有利于关键员工的稳定

缺点：

（1）培训问题

在培训过程中，存在资金不足、培训资源分配的公平性难以保证、培训需求的准确度不高等问题。如果处理不好这些问题，极有可能既增加了成本，又造成员工产生不公平的感受，从而影响员工的积极性。

（2）成本控制问题

造成这一问题的主要原因有：

①技能模块的界定与组织战略发展的需求结合不紧密，使得员工获取的技能无用武之地而发生闲置与浪费。

②员工追求技能的提升、工资的上涨与组织对高技能的需求数量不成比例，可能造成组织中高技能等级的员工比例过大，人力资源得不到充分利用，人力资源缺乏转化为生产力的平台，从而导致组织人力资源成本过高的情况发生。

③技术的进步、市场的变化都有可能导致一些技能过时。如果过时的技能不能得到及时清理，也会导致人力成本的上升，使组织成本缺乏竞争力。

（3）加大了管理的难度

与职位薪酬体系相比，技能薪酬体系管理的难度主要体现在以下方面：

一是设计难。在设计技能薪酬体系时，一是技能模块的建立难，技能模块的建立直接关系设计目标能否有效达到；二是技能模块的定价难。在技能模块定价时，要在当地劳动力市场上与相关行业中找到一个技能薪酬基准是十分困难的事。

二是管理难。技能薪酬体系的最大特点就是因人而异，但员工的技能水平可能随时发生变化。要对员工具备何种资质水平，应该获取什么样的工资水平进行追踪需要一定的管理支持。另外，员工随时都有可能进入一个新的技能模块并得到认证，其薪酬就有可能在一年中的任何时候发生变化。这些都增加了管理的难度。

三是岗位配置难。要使员工掌握的技能得到充分运用和发挥，要求组织在岗位配置时要有充分的弹性，以确保员工的岗位能够得到及时地调整。

（三）能力薪酬体系

能力薪酬体系是指企业根据员工所具备的能力或是任职资格来确定其基本的薪酬水平，对人不对事，其中基于岗位的能力占了岗位薪酬总额的绝大部分；员工能力的高低和薪酬、晋升相挂钩；其设计的假设前提是能力高的员工一定能取得高的绩效，使员工能够认识到高能力会带来高绩效；薪酬随着能力提高而提高，能力最高者其薪酬也最高；管理者关注的是员工能力价值的增值。在能力薪酬体系中，常见的能力模型有以下四种：

1. 折叠核心能力模型

这种能力模型实际上是适用于整个组织的能力模型，它常常与一个组织的使命、愿景和价值观保持高度一致。

2. 折叠职能能力模型

这是一种围绕关键业务职能，比如财务管理、市场营销、生产制造等建立起来的能力模型。它适用于同一职能领域中的所有员工，无论这些员工的职能处于哪一个级别。

3. 折叠角色能力模型

这种能力模型适用于一个组织中的某些人所扮演的特定角色，比如技师、经理等，而不是这些人所在的职能领域。在该模型下，团队领导适用于一套能力模型，团队成员则适用于另外一套能力模型。

4. 折叠职位能力模型

这是一种适用范围最狭窄的模型，因为它只适用于单一类型的职位。当然，这种能力模型所适用的通常是在一个组织中有很多人从事的那一类职位。

第二节 薪酬体系设计的原则

根据基本的薪酬理论和薪酬的功能以及影响企业薪酬的内外因素，结合我国国情和企业的实际情况，企业在设计一套合理科学和行之有效的薪酬体系时，必须遵循以下原则：

一、公平性原则

分配必须公平，这是薪酬系统建立和运行的最主要原则。所谓公平性，主要是指在薪酬体系设计的整个过程中，要确保薪酬制度对所有人是公平的，无论是内部、外部还是个人方面，都要体现公平性。在具体落实时，企业还需要根据自身发展需求，结合职位、技术、资历、绩效等方面确保薪酬制度的公平性。

二、竞争性原则

薪酬体系制定的目的是激发人才能动性，增强企业竞争力，实现企业与员工利益的最大化，因此在设计中必须要坚持竞争性这一原则。在具体设计中，企业要以市场为基准，所制定的薪酬机制想要吸引人才，就要具备市场竞争力，尤其是对一些特殊人才，薪酬设计应当等于或高于市场平均水平和竞争对手，以高薪酬待遇来吸引其加入企业。当然，薪酬设计也要展现优胜劣汰的特点，树立员工危机意识，激发其竞争力。

三、激励性原则

激励性是薪酬机制的重要作用之一，在设计中要将内外激励、长期短期激励有效的融入其中，通过各种激励让员工保持工作积极性，全身心投入到企业发展当中，提高员工的工作积极性和能动性，发挥员工最大价值。

四、经济性原则

薪酬是企业成本的重要构成部分，薪酬过高会直接影响企业的经营发展，薪酬过低则无法调动员工的积极性，甚至会造成员工流失，因此在设计时，必须要坚持经济性原则。所谓经济性原则就是在企业财务力所能及的范围内，最大限度地发挥薪酬机制的激励性。

五、合法性原则

合法性是薪酬体系设计的基本原则，在设计中要遵循基本的法律法规，薪酬制度和分配必须遵守有关的劳动工资立法和调控企业薪酬实践方面的法规，做到依法行事，以免陷入劳动纠纷。

六、平衡性原则

薪酬激励的形式多种多样，在设计过程中，要注重激励方式的平衡性，将现金与非现金激励相结合，要注重福利、工资、奖金之间的平衡，要在资源合理分配的基础上，发挥薪酬的最大效益。

七、有效性原则

要确保薪酬体系的有效性，在设计时要遵循这一基本原则，因为薪酬设计的目的就是为了通过薪酬体系实现员工以及企业的利益最大化，实现两者利益的均衡，使其形成合力。

第四章　HD公司薪酬体系设计实践

第一节　HD公司概况

HD公司位于四川省攀枝花市，是华电四川发电有限公司内部核算电厂，是四川省电力公司为适应电力体制改革和解决攀枝花老小火电企业的生存发展问题，撤并整合原攀枝花、河门口、新庄三家电厂，于1999年3月28日成立的。2002年12月公司划归中国华电集团公司管理；2003年12月，根据华电集团公司统一安排，公司名称变更为华电四川发电有限公司攀枝花分公司；2004年11月，公司行政隶属关系划归发电四川发电有限公司。

第二节　HD公司薪酬设计体系现状

HD公司目前的薪酬体系主要由经营者年薪制（试点）、结构工资制和其他人员固定工资制组成，分别于2000年、2001年颁布实施。

一、经营者年薪制主要内容

年薪制作为新引入的概念，缺乏可借鉴的操作经验，所以当时只选择了三家经营管理上比较规范且盈利能力较强的子公司作为试点对象。年薪的制定和执行主要参照当时四川省政府对本省省管企业经营者试行的年薪制内容。年薪制主要由基础工资和效益工资两部分构成，通常以企业规模大小确定企业类别,以企业效益高低划分企业级别(见表4.1),共分为三类三级。经营者根据所任职企业的级别领取基础工资。效益工资包括资产增值工资和上交国有资产经营收益奖励两部分。

表4.1 企业经营者月基础工资标准

单位:元/月

类别	一类	二类	三类
一级	3 500	2 700	2 100
二级	3 200	2 500	1 900
三级	2 900	2 300	1 700

净资产增值工资以企业每年实际实现的净利润情况,按照超额累进比例计提(见表4.2),不设上限。

表4.2 净资产增值工资提取比例

净资产增值额/万元	提取率/%	提取金额/万元
50以下	3.0	0~1.5
51~100	1.0	1.6~2.0
101~200	0.8	2.1~2.8
201~400	0.6	2.9~4.0
401~600	0.5	4.1~5.0
601~1 000	0.4	5.1~6.6
1 001~2 000	0.7	6.7~13.6
2 001~3 000	1.0	13.7~23.6
3 001以上	2.0	23.7以上

对于超额完成核定的保底利润者:净资产增值工资=保底利润×相应档次提取率+超额部分×相应档次提取率。

对于未能完成核定的保底利润者:净资产增值工资=实际完成净利润×相应档次提取率未完成保底利润差额×相应档次提取率×2(若净资产增值工资为负数,则以零计)。此外,净资产增值工资还跟企业的资产负债率直接挂钩。当经营者接任时企业资产负债率低于75%的,每年年底的资产负债率均不得超过75%。超过75%的,每超过一个百分点,扣减经营者净资产增值工资的2%。当经营者接任时企业资产负债率高75%的,根据以下不同情况调整经营者净资产增值工资：一是每年净资产负债率降低至董事会下达的目标或以下的，不扣减经营者净资产增值工资；二是每年净资产负债率未降低至董事会下达的目标的，每少降低一个百分点，扣减经营者净资产增值工资的2%；三是每年净资产负债率未降低甚至有提高的，每提高一个百分点，扣减经营者净资产增值工资的4%。经营者上缴国有资产收益奖励在规定上缴比例内的，按实际上缴金额的1.0%计提；超额上缴利润的，按实际上缴金额的3.0%计提。经营者基础工资按照集团公司核定的数额由其任职企业按月支付。效益工资的70%在当年年终结算后予以兑现。

二、结构工资制

结构工资制适用对象为集团总部的所有员工，包括集团副总裁和非年薪制试点企业的子公司经营者（全资和控股子公司的经营者均由集团总部直接委派，其工资级别由集团公司决定）。

结构工资制的主要构成为基本工资+工龄工资+岗位工资+效益工资。

基本工资参照2000年攀枝花市市政府公布的最低工资标准，规定公司上述所有员工的基本工资为每月400元。

工龄工资由社会工龄工资和公司工龄工资组成。社会工龄工资为每年2元。公司工龄工资为每年20元。

岗位工资根据岗位性质和责任不同，划分为若干等级（见表4.3）

效益工资的分配等级分为三种，不同等级设置不同的工资标准。

第一是子公司经营者。其效益工资根据所在企业当年实际实现的税后净利润按照确定的比例计提。

第二是贸易部门的员工。其效益工资以部门为单位，根据当年各部门实际实现的税后净利润按照确定的比例计提效益工资总额，然后根据岗位级别进行分配。

第三是集团总部职能管理部门的员工。其效益工资根据公司当年实际的整体经济效益（集团合并报表利润）按照一定的比例计提效益工资总额，再根据不同的岗位级别，设置不同的分配系数进行分配（见表4.3）效益工资约占员工个人工资总额的50%。

表 4.3 结构工资制的岗位工资及系数

岗位级别工资				工资标准/元·月$^{-1}$	效益工资系数
总经济师 高经一级	总工程师 高工一级	副总经理	总会计师	1 800	2.80
高经二级	高工二级	总经理助理	高级会计师	1 500	2.60
高经三级	高工三级	部门经理	会计师一级	1 300	2.00
	工程师一级	部门经理	会计师二级	1 100	1.80
	工程师二级	部门经理	会计师三级	1 000	1.60
	工程师三级	主办	会计师四级	900	1.50
		办事员	会计师五级	800	1.40
			实习生	500	1.00

注：该公司总经理不在公司领取薪酬，而在公司总部领取。会计师级别为公司内部评定。

三、固定工资制

固定工资制适用对象为车队驾驶员、总台接待员、打字员、保洁员和公司聘请的各类顾问等。固定工资制根据市场行情采用随行就市原则（实际上，由于历史原因，当初公司的驾驶员、总台接待员、打字员和保洁员等的身份比较特殊，所以工资标准明显偏离），每月按照核定的标准（见表 4.4）固定发放。

表 4.4 固定工资制的月工资标准

单位：元/月

岗位	工资标准
顾问	具体协商
专车驾驶员	1 800
公车驾驶员	1 500
总台接待员、打字员	1 200
保洁员	800

第三节　HD公司薪酬体系存在的问题

一、经营者年薪制的问题

相对于国有企业而言，应该说，HD公司实行的年薪制试点具有一定的超前性，就其主要内容来看，基本体现了经营者风险与收益并存的原则。经营者的平均基础工资通常高于公司一般员工平均基础工资一倍以上，体现了经营者人力资本的应有价值。效益工资也基本上与企业的实际效益挂钩，体现了贡献多收益多的原则。但应该看到，该年薪制还存在以下这些明显的不足之处：

（一）基础工资分类定级不合理，过于简单

一般来说，基础工资在这里有两个功能：一是保障经营者的基本生活需要，二是肯定经营者的高级人力资本价值和实际的劳动付出。所以，基础工资的分类定级仅考虑企业的规模与效益是不够的，也是不公平的。而且基础工资占工资总额的比例偏低，对于一个正在成长和经营投资回报率较低的传统行业的公司来说，是不容易吸引、留住和激励经营者的。事实上，在现实执行过程中确实如此。

（二）考核指标的设置不够科学和合理

衡量一个企业的经营管理水平除了净资产增值率和资产负债率外，还应包括净资产收益率、资产良好率、销售增长率等重要指标。此外，对考核指标和相关的概念以及财务数据的计算依据等没有进行明确界定或界定模糊，在实际操作中容易产生纠纷。

（三）风险与收益不对称，激励与约束不统一

整个方案并未体现经营者的收益风险和其应受的约束。即便是企业产生亏损，经营者也无须承担任何责任。此外，整个方案还缺乏长期激励内容，容易导致经营者的短期行为，损害投资者的利益。

（四）整个方案构造和操作方式过于凌乱，不够明晰

设置上缴国有资产经营收益奖励，实际上没有任何意义，因为上缴国有资产经营收益每年由董事会决定，经营者并没有任何分配收益的权力。现实中，许多经营者反映没有办法明确知道自己的收益是如何计算的。

(五) 总体年薪水平偏低

经营者的年薪水平当初参照攀枝花市国有资产管理局制定的年薪标准，明显低于市场水平（一般企业年税后利润达到 100~500 万元时，经营者的年薪收入为 8~20 万元），根本无法吸引、留住或激励经营者。

(六) 没有规范经营者的职务消费

所谓职务消费是指由于某种职务的特殊性质和工作需要，对担任该职务的人提供与该职务相应的支出费用。它主要包括用车费用（含车辆折旧费、车辆管理费、燃油费、维修费和司机的工资福利等）、应酬费用和出国出境费用等。在许多情况下，经营者可以非常容易地将一些私人消费转化为职务消费。

二、结构工资制问题

HD 公司的结构工资在构成上基本合理，但所有员工不论岗位性质，其一半左右的薪酬与企业效益挂钩，显然是不科学和不合理的，也是不公平和不具有激励性的。HD 公司结构工资制中存在的主要问题，有以下四点：

(一) 效益工资的分类设置不科学、不合理。

对经营者而言，这种效益工资的考核方式显得有些荒唐，因为要衡量一个经营者工作绩效，仅仅考核他的税后净利润是远远不够的，也是不合理、不公平的，更不具备任何的激励作用，只能增加经营者的短期行为，并带来许多负面的影响。

对贸易部门而言，这种考核方式带有明显的"大锅饭"色彩，尽管其效益工资跟他们实际创造的利润挂钩，但按照岗位级别分配，而不是个人创造的业绩进行分配，根本谈不上公平性和激励性，所带来的后果就是员工消极怠工和牢骚满腔，以及优秀业务人员的流失和平庸业务员的"沉淀"。

对职能管理部门的员工而言，效益工资所占的比例显然过高。集团总部的职能管理部门的主要任务是对企业实施严格和科学的管理，相对于"一线"直接创造效益的员工，这类部门的员工承担的风险较小，工作量波动幅度有限，其工资应相对比较稳定，所以其工资的浮动部分即效益工资（与公司效益挂钩部分）所占比例不应太高，应控制在 20% 左右，甚至可以不和企业效益挂钩，特别是普通员工，企业效益与他的关系并不直接，企业效益好坏与他们的工作质量和数量并无明显的联系，但只要他能胜任本职工作，就应该支付给他确定的报酬（哪怕企业是在亏损）。此外，这种工资制度，对一个不熟悉本企业的应聘者而言，是不具有吸引力和竞争力的。

(二) 工资中未能反映出学历优势

造就一支高素质的员工队伍，是企业持续发展的重要保障。首先，应承认员工的学历价值。因为尽管学历并不能代表能力，但是学历在一定程度上代表了个人的整体素质，反映出其在未来工作中的潜在能力，同时也体现了人力资本的投资价值。有研究资料表明，员工整体素质的高低与企业的经济效益的增长是呈正相关的。其次，企业录用较高学历的员工，相应地节省了企业对人力资本的前期投资和再投资。因而应以一定的货币形式将学历优势显性化。此外，适当的学历工资会激励员工不断学习，不断提高自身素质。

(三) 工龄工资设置不合理

一般而言，设置工龄工资的目的在于肯定老员工在企业的贡献积累，以及鼓励员工长期为某个特定的企业服务。但市场经济条件下，肯定老员工在企业的贡献积累，一般通过福利方式进行。因为，仅通过每工作满一年所增加的每月20元的工龄工资是不足以留住优秀员工的。此外，这样的工龄工资对新老员工而言，都容易在企业内部产生不公平心理。

(四) 效益工资挂钩的指标过于单一

HD公司的效益工资只跟集团的合并报表利润挂钩，容易产生波动，增加了薪酬的风险和不确定性。

此外，HD公司新设立的证券部、期货部以及财务中心的保险业务员，其工作绩效都是可以直接通过量化来考核的。而套用管理部门的薪酬分配形式，显然有"大锅饭"之意，薪酬的公平性和激励性都难以保证。

三、固定工资制问题

HD公司的其他人员固定工资制存在明显的缺陷。一是总体薪酬水平明显高于市场平均水平，从而增加了企业的人力资本，违背了薪酬设计的成本最低化原则；二是岗位缺乏应有的级别差距，且划分不尽合理，技术岗位的工作绩效跟其工作经验的积累有密切的关系，比如驾驶员，应根据其驾驶水平和经验来确定薪酬水平，而不是根据服务对象来确定；三是缺乏应有的浮动工资，缺少根据其工作绩效进行考核提供奖惩的经济手段，导致现实中公司对上述人员的管理处于被动地位。

四、计件工资制问题

计件工资是按照工人生产的合格品的数量（或作业量）和预先规定的计件单价来计算报酬的一种工资形式。它不是直接用劳动时间来进行计量的，而是用一定时间内的劳动成果——产品数量或作业量来计算，因此，它是间接用劳动时间来计算的，是计时工资的转化形式。

在企业内，实行计件工资制的目的，在于更好地贯彻执行"各尽所能，按劳分配"的原则，以调动广大职工的劳动积极性，提高劳动生产率，促进企业改善经营管理，以利于加速社会主义生产建设的发展。要实行计件工资制的企业，必须是经过整顿，领导班子坚强，供产销正常，生产任务饱满，管理制度比较健全，各种定额和统计、验收等基础工作搞得比较好，各项经济技术指标比较先进的企业。在实行计件工资的过程中，企业必须保证达到产品质量标准，不超过物资消耗定额，并使单位产品成本和工资成本有明显的降低。计件工资制是贯彻按劳分配原则的主要形式之一。我国《劳动法》规定："对实行计件工作的劳动者，用人单位应当根据本法第三十六条规定的工时制度合理确定劳动定额和计件报酬标准。"即一般情况下，应按照劳动者每日工作时间不超过 8 小时，平均每周工作时间不超过 44 小时的工时制度来合理确定劳动定额和计件报酬标准。

五、协议工资制问题

协议工资制是指根据单位工作的需要，由用人单位和受聘人员按照有关政策规定和参考市场工资价位，平等协商受聘人员工资水平，并用合同的形式予以确认的薪酬制度。

总的说来，在知识经济和经济全球化的时代，HD 公司目前的薪酬体系已经在人才竞争中明显处于被动地位，也严重地制约了它的发展，具体问题如下：第一，尽管近几年公司在人才招聘方面加大了力度，但从公司的招聘记录来看，HD 公司的几次对外招聘中，特别是在北京和成都等发达城市的高级人才招聘中一直都不成功，其中最重要的原因就是薪酬问题；第二，公司近几年的员工流动率一直居高不下，随着公司优秀人才的流失和平庸人才的"沉淀"，已经真正形成了所谓的"庸才沉淀机制"；第三，整个公司士气低落、怨言颇多，其中员工报怨最多的仍是关于薪酬的问题。这些问题集中表现为：近几年子公司经营人才短缺，一些子公司的总经理由集团副总裁或总裁，甚至董事长兼任；进出口贸易出色的业务员短缺，导致公司近几年进出口贸易额急速下降；总部管理部门许多重要的岗位由一些并不胜任的员工担任或空缺或由公司领导兼任。目前，集团人力资源部经理和总裁事务部经理空缺；集团审计部经理由分管财务的副总裁兼任，投资发展部经理由集团总裁兼任。可以毫不夸张地说，HD公司的"二次创业"能否成功，关键在于能否拥有人才优势。所以，HD公司的薪酬体系已经到了非改革不可的地步。

第四节　HD公司薪酬体系再设计

对HD公司的薪酬体系进行重新设计，绝不是简单的再设计，它不仅要解决HD公司目前在薪酬管理制度上面临的困境，而且还要考虑到在知识经济和经济全球化的时代，该公司如何通过薪酬管理获得人才竞争的优势，赢得全球市场竞争的优势。

HD公司新的薪酬体系是包括体现新的原则、新的思路、新的内容和新的操作方式的经营者年薪制，职能管理部门结构工资制，以及新设置的提成工资制。本书根据HD公司对此次薪酬体系重新设计所提出的保证新的薪酬平均水平略高于市场平均水平的明确指导意见，对HD公司的各种薪酬形式进行重新设计。

一、经营者年薪制设计的原则

经营者年薪制要解决的是负责整个企业经营管理的经营者的薪酬问题，衡量他的工作绩效和贡献的标准，这显然与普通员工有明显的不同。所以，经营者年薪制的设计除了应遵循上述提到的薪酬设计的基本原则外，还应强调以下这些原则：

（一）经营者年薪制设计的新原则

1. 风险与收益相称的原则

一般来说，经营者承担的风险应与其获取的收益成正比。承担的经营风险越大，其可能取得的收益也应越高。

2. 激励与约束并举的原则

目前，我国国有企业的经营者薪酬制度，大多强调薪酬的激励性，但忽略了约束机制的建立与完善。事实上，仅有激励作用的薪酬机制是远远不够的，并非每个经营者都具有高度的自觉性去约束自身的行为。所以，在设计经营者年薪制时，不但要给经营者必要和应有的利润分配权，更应注重与激励对等的职位约束。

3. 长期与短期结合的原则

以往的经营承包制，短期内让企业的效益和经营者个人收入都明显提高，但往往都是粗放型或掠夺式的经营，很少考虑企业的可持续发展。所以，在设计年薪制的构成时，要充分考虑薪酬的短期激励和长期激励功能；在设计考核企业绩效的考核指标时，要充分考虑企业的短期获利能力；与此同时还应注重企业的持续发展能力，以有效遏制经营者的短期行为。

此外，HD 公司适用年薪制的子公司毕竟仍是企业，因此，还必须遵守国家和地方政府对企业实行年薪制的各种政策规定。

(二) 年薪制重新设计的准备工作

为了保证年薪制设计的质量，在重新设计 HD 公司的年薪制前，除了借鉴国内其他地区年薪制和 HD 公司试点年薪制的现实经验外，笔者还详细查阅了政府关于实施年薪制的有关政策、文件和规定，以及各子公司的财务报表，并对子公司经营者就年薪制改革问题进行了专门调研，以获取第一手资料。

1. 严格按照《公司法》的规定，重新选举了各子公司董事会和监事会成员，并对与《公司法》相冲突的或不完善的公司章程和内部规章制度，进行了重新修订。

2. 全面检查和清理了各子公司的财务状况。

3. 按照公开、公平、公正的原则，重新选拔各子公司的经营者，并建立了较为完善和科学的经营者选拔机制。

4. 对公司及其经营者进行了广泛的调研、宣传和动员，同时听取和收集了他们的意见和建议。

(三) 新的年薪制设计的基本思路和主要内容

1. 年薪总额的确定

根据薪酬设计的基本原则，为了做到吸引、留住和激励优秀的企业经营者，HD 公司在确定年薪总额时，充分考虑了人才竞争的全面化和多样化等多种因素，并考虑了 HD 公司目前所需要的经营者。由于经营者所在的企业千差万别，调研所获得的具体的数据可比性较差，所以 HD 公司主要根据成都与攀枝花两地的数据按递增的方式确定经营者的年薪总额。

2. 年薪制结构及其比例的设计

年薪制设计的基本原则有：经营者年薪收入水平与社会经济发展水平相适应；经营者年薪收入与企业规模、经营业绩及行业特点挂钩；激励与约束相结合，短期激励与长期激励相结合；公开透明，科学规范，取消不合理的收入。根据上述年薪制设计的基本原则，对年薪制的结构设计及其比例分配必须做到科学合理。HD 公司攀枝花发电公司还是一个很年轻的企业，其子公司的规模相对较小、效益较差，而且获利能力较差。所以，从吸引和稳定经营者的角度出发，HD 公司年薪制结构的三个部分（即基本薪金、绩效薪金和任期分红）中，基本薪金占据了较大的比例，约占年薪总额的 40%，其余两个部分各占 30%。基本薪金和绩效薪金当年兑现，任期分红在经营者任期结束时，分三年兑现。此外，职务消费货币化收入和职业福利保障暂不列入年薪总额。尽管实行期股和股票期权激励形式具有很多的优点，但 HD 公司攀枝花发电公司是国有独资企业，也是攀枝花市市管重点企业，不具备实行期股和股票期权方式的主观和客观条件。在对年薪制薪酬进行设计时，为了获得一手资料，共发放 392 张问卷，对该公司 392 名主任职务以上级别人员进行问卷调查，回收 325 张问卷，回收率为 82.91%，其中有效问卷 309 张，有效问卷回收率为 78.83%。从问卷统计中发现，主任职务以上级别人员认为薪金提取应根据年目标利润来提取，比例不等；其中 52.8% 的人员（163 人）认为基本薪金应在 10 万元左右；21.7% 的人员（67 人）认为基本薪金应在 15 万元左右；25.6% 的人员（79 人）认为基本薪金应在 20 万元左右。在此调研的基础上做了如下设计：

（1）基本年金

根据 HD 公司目前各子公司不同的利润水平，基本薪金共分为十级（见表 4.5），各企业董事会根据经营者所任职企业的目标利润作为主要依据，并适当参考经营者过去的经营业绩，所任职企业的行业特征、资产规模、盈利指标和综合管理水平等因素，评定具体的级别。经营者基本年薪每两年根据物价水平的变动与经济增长情况做适当调整，由市劳动部门提出调整方案,报市政府审批。经营者的基本年薪列入企业成本,由企业按月以现金形式支付。

相对而言,基本薪金的确定具有一定的主观性,但这正是 HD 公司调节不同经营者的薪酬水平所需要的。尽管利润最大化是企业经营的主要目标,也是 HD 公司评定子公司存在和发展的主要依据,但是从整个集团的发展战略考虑,有些子公司的成立并不是以盈利为主要目的的。比如,该公司下属的物业管理公司和工程监理公司,其盈利能力都很差,但它们的存在是为了保证 HD 公司的房地产品牌经营的需要。

表 4.5 经营者基本薪金表

级别	目标利润/万元	基本薪金/万元·年$^{-1}$
一级	100 以下	3.0
二级	101~200	4.2
三级	201~300	5.4
四级	301~500	6.6
五级	501~600	7.8
六级	601~800	10.2
七级	801~1 000	12.0
八级	1 001~1 200	13.8
九级	1 201~1 500	15.6
十级	1 501 以上	18.0

(2) 风险保证金制度

经营者在上任前,必须按规定强制交纳就职风险保证金,交纳标准为其年基本薪金的 1.5 倍,可以用现金一次性交纳,也可以用足够的不动产进行抵押。以后根据其年基本薪金的变化,进行调整。就职风险保证金设立专用账户保管,经营者任期结束时,予以结算。

(3) 绩效年薪

经营者绩效年薪是按企业综合经济效益确定的经营者年度收入。绩效评价分值由市国资部门组织 HD 公司根据财政部企业绩效评价指标体系进行测算。经营者绩效年薪计算结果为负数时,视绩效年薪为零。绩效年薪列入企业成本,企业一次性以现金形式提取。其中 60% 直接支付给经营者，40%交资产经营公司保管，以风险抵押金的形式延期支付。

（4）奖励年薪

经营者奖励年薪是指产权单位对经营者完成经营目标的奖励。不同类型企业奖励年薪系数有所区别，垄断性企业奖励系数为0.8，竞争性企业奖励系数为1，扭亏增盈企业奖励系数为1.3，其具体计算方法由HD公司根据不同行业的特点分别制定。HD公司发放给经营者的奖励年薪总额不得超过经营者基本年薪总额的1.5倍。经营者奖励年薪最高不得超过本人基本年薪的4倍。经营者奖励年薪计算结果为负数时，应相应扣减经营者任期内所提取的风险抵押金。

经营者的奖励年薪由HD公司从企业上缴利润中支付。其中60%以现金直接支付给经营者，40%由资产经营公司保管，以风险抵押金的方式延期支付。HD公司对具备条件的企业可采取股份的形式支付奖励年薪。

（5）财务监督和审计制度

由集团公司统一派遣财务总监到各子公司，全面监督子公司的财务运作，充分发挥重新选举的监事会的财务监督职能。在审计制度方面，建立国家审计、社会审计（会计师或审计师事务所）或公司内部审计（集团审计中心）等三层严密的审计监控制度。其中，对各子公司的监督主要依靠公司内部审计进行不定期的突击审计，做到防范和控制在先。

二、年薪制操作规范

为了保证年薪制的有效和顺利实施，本书案详细规范了年薪的发放程序和操作流程，并在此基础上专门制定了《HD公司年薪制实施细则》，进一步规范年薪制的操作程序，并对集团总部各管理部门在年薪制执行过程中的职责进行了明确分工。

三、年薪制发挥的作用

（一）年薪制为经营者提供努力工作的强大动力

年薪制由于承认了经营者的人力资本价值，会有力地刺激经营者兢兢业业地工作。首先，经营者的最低报酬——基本薪金（基薪），比一般企业员工的收入高得多，基薪是企业家才能的价格，其水平取决于企业家市场的供求。经营管理企业的才能是一种特殊的能力，是高水平的人力资本，企业家是稀缺的人才，企业家市场上供不应求的状况决定了企业必须以很高的基薪才能聘请到企业家。经营水平越高的企业家，他的基薪也就越高。其次，在经营效益较好时，经营者还可以通过绩效年薪和股票认股权获得更多的收入。高水平的收入使经营者离开经营岗位时要付出巨大的机会成本，经营者如果因经营不善而丢掉职位，其损失将是惨重的。这种强力的激励机制会成为经营者努力工作的强大动力。

（二）年薪制把经营者的利益与资本所有者的利益紧密相连

首先，经营者的绩效年薪根据考核结果支付，与企业的经营效益紧密相关。经营效益主要体现在利润率和净资产增长率上。经营效益越差，绩效年薪就越少，甚至没有；经营效益越好，绩效年薪就越多。其次，经营者通过股票认股权获得的利益大小取决于企业的长期效益好坏。股票认股权是指企业所有者给予经营者在约定的一个期限内享有以某一预先确定的价格购买一定数量本企业股票的权利。经营者要想在股票认股权上获得利益，其前提条件是企业经营效益好，从而使企业股票升值。在物质利益的推动下，经营者在努力追求自身利益的同时，也增进了资本所有者的利益。

（三）年薪制有利于克服经营者的短期行为

在我国当前的改革措施中，绩效年薪当期只支付一部分，其余部分留待将来视长期效益如何来兑现，有全部兑现、部分兑现和不兑现等做法。如果长期效益好，不仅绩效年薪可以兑现，而且运用股票认股权购买的本企业股票会升值，经营者就会获得很大的利益。这样，就会刺激经营者不仅要实现企业的短期效益，而且还要实现企业的长期效益。实行经营者年薪制是国有企业经营者收入分配制度改革的方向，这是不容置疑的；但年薪制要充分发挥作用，必须要有完善的现代企业制度和企业家市场。

四、结构工资制设计的基本思路

结构工资制主要适用对象为 HD 公司。一般而言，职能管理部门的员工占企业总人数的比例相对较小，但他们对整个企业的发展却起着关键的作用。由于对这些员工的要求相对都比较高，所以支付给他们的薪酬也应较高。而且从客观上讲，作为并不直接创造经济效益的职能管理部门，与业务部门相比，其工作数量和质量都相对比较稳定，直接压力和风险也相对较小，且工作绩效无法进行准确的量化考核，所以其薪酬应相对稳定些。

针对 HD 公司原来结构工资制中存在的问题，新的薪酬方案将着重考虑以下几个问题：

（一）参考市场工资水平，提高部门副经理及以上员工的薪酬水平，并与一般员工的薪酬水平拉开差距，适当调低一般员工的薪酬水平。

（二）降低部门副经理及以上员工与企业效益挂钩的工资所占薪酬总额的比例。部门副经理以下员工的绩效工资不与企业效益挂钩，调整与企业效益挂钩的指标。

（三）根据职位资源和岗位特点，增设薪酬等级。各等级之间的差距随着职位的增高而增大。

（四）取消工龄工资，增设学历工资和外派财务总监补贴。

本着这样的指导思想，提出 HD 公司结构工资的设计方案。

五、HD 公司结构工资制设计步骤

（一）工作分析

工作分析，也称为职务分析，是对企业各个岗位的设置目的、工作关系、主要职责、工作内容、权限范围、工作环境以及胜任该岗位所必须具备的知识、技能和经验等进行分析和研究，并通过文字进行明确说明的过程。它是人力资源开发与管理的核心环节，也是薪酬设计和管理的主要依据。

按照薪酬设计的基本程序，首先必须对 HD 公司集团总部职能管理部门的岗位进行工作分析。为此，公司成立了工作分析协调小组，成员包括各部门经理、在公司实习的大学生和笔者，由笔者组织各管理部门重新修订了部门职责，并对各部门间交叉和遗漏的部分进行审核，总裁办公会批准后，正式颁布。之后，按照工作分析的一般步骤和要求，前后历时三个多月，完成了 53 个岗位的工作分析。

（二）薪酬等级的设计

根据企业现有职位的设置情况和战略发展需要，预先确定薪酬的薪等，再根据职位资源的分布广度和稀缺程度，以及职位的复杂程度，将每个薪等分为若干薪级。

对同一职位的薪酬设置不同的级别，是基于以下的考虑：

（1）相同的职位上不同的岗位，由于工作性质的不同，其所需要的能力、承担的责任和贡献等是不同的，比如财务部经理和行政部经理。而且即便是相同的岗位，不同的具体担任的人员的素质和努力程度也是不同的，所以，相同的职位其薪酬水平应该有所差别。

（2）对于一般企业而言，职位的资源是有限的，特别是所谓的领导职位，比如总监、部门经理等，并不是所有优秀的员工都可以获得晋升。所以，在优秀员工无法获得晋升时，让其能够获得在同一职位上的晋级（即加薪），甚至获得更高一级职位的薪酬。

（3）同一职位具有更多的级别，能够让员工感到有更多的和充裕的上升空间，有利于激励员工的工作积极性，充分发挥薪酬的激励功能。为此，我们根据HD公司现有的六个职位等级（职级），将薪酬分为六个薪等，再将各薪酬等分为3~5个薪级。（见表4.5）

（三）岗位评估

岗位评估是指根据付酬因素对每个岗位包含的内容进行比较和科学的评估，从而得出每个岗位的相对价值的方法。岗位评估的主要方法有序列法、分类法、评分法和因素比较法。其中大型企业最常用的是评分法。它从系统性和科学性的角度出发，以量化的形式对岗位的内容进行全面的评估，具有较高的信度和效度。它的具体做法是将岗位的构成要素（付酬因素）进行分解，再以各个要素为依据，与特定的评价标准进行比较，得出各要素的分值，然后合计计算各个岗位的总分，就是该岗位的相对价值。

在工作分析的基础上，评估小组集中对各岗位进行了岗位评估。评估小组由集团总部职能管理部门经理4人和工会成员1人组成。评估小组可以弥补公司内部人员对岗位的认识偏差和评估经验的缺乏，以及人力资源咨询公司对四川华电HD公司的具体岗位的工作质量和数量了解不足的问题。

评估方法采用了在国内许多大型企业颇受好评的ORC职位分析评估系统法。该评估法是由美国ORC管理咨询公司的专家通过大量的实践研究而开发出来的。它包含了能够比较全面地反映职位价值和付酬因素的9个评估因素，即知识技能、岗位复杂程度、岗位责任、人际关系、管理幅度、操作技能、精力集中程度、体力消耗和工作环境。各岗位平均评估分值的最低分和最高分分别为140分和1 043分。各岗位评估结果（分值）首先对所有员工公布，并对有异议的评估结果进行重新评估。53个岗位的最终评估结果，平均评估分值的最低分和最高分分别为223和821分（为了便于比较，选取了部分具有可比性职位评估的平均分值），如表4.6所示。

最后，经集团总裁办公会确认和批准后，将各岗位的评估分值与预先设定的薪酬等级一一对应。

表 4.6 部分职位的平均评估分值

职位	副总裁、总监	经理	副经理	高级文员	一般文员
平均分值	821	653	521	344	223

（四）薪酬调查

薪酬调查分为市场调查和企业内部调查。

市场调查的主要目的在于了解市场薪酬水平，以保证薪酬设计的外部公平性和竞争性。但薪酬市场调查的难度很大，因为薪酬作为人才竞争最有力的工具之一，一般企业都不会轻易透露，以免在人才竞争中处于不利位置。所以市场薪酬水平一般是通过权威的薪酬调查公司获得，或从其他公共媒体，以及通过私人关系获得，如表 4.7 所示。

表 4.7 攀枝花发电公司 1999 年职能管理部门的薪酬水平与市场水平对比

单位：万元/年

职位	薪酬总额			攀枝花发电公司平均实际薪酬水平
	市场水平			
	最高	最低	平均	
总经理（总裁）	32.3	4.5	10.2	4.89
副总、总监	27.0	3.8	7.8	5.77
部门经理	16.8	2.7	5.9	4.18
部门副经理	13.8	2.2	4.9	3.64
高级文秘	6.2	1.8	3.2	3.34
一般文员	5.3	1.2	2.1	3.02

企业内部调查的主要目的在于了解员工对现有薪酬状况的满意程度，以保证薪酬设计的内部公平性，为此采用自由记名方式进行调查。分别针对不同职位发出问卷 108 份，其中 A 类对象（子公司经营者）27 份（占25%），B 类对象（副经理以上）20 份（占 18.52%），C 类对象（助理、主办、办事员）61 份（占 56.48%），由于宣传动员工作比较到位，共回收问卷 84 份。其中，A 类 22 份，占 26.2%，B 类 18 份，占 21.4%，C 类44 份，占 52.4%，总有效率为 78%，各类对象所占的比例基本符合调查问

卷发放的比例，比较具有代表性。

根据调查结果分析，大部分员工（其中 A、B、C 类员工的比例分别为 90.9%、94.9%、59.7%）对目前薪酬感到不满意，一是对薪酬总体水平不满意；二是对薪酬的分配不满意。调查的结果基本上反映了该公司在薪酬方面所存在的问题。

（五）薪酬水平的设计

根据薪酬调查的结果，考虑薪酬设计的基本原则以及薪酬的不同功能，结合预先设定的薪酬等级，以及公司提出的各职位（薪等）的中级薪酬水平应略高于市场平均水平的指导意见，确定统一以高于市场 5% 的水平作为参考工资曲线。为此，我们首先确定六个薪等的中级薪酬水平，再根据各个薪等的薪级数，确定薪级幅度（差距），薪级越高幅度越大，具体幅度要根据不同行业来确定。

有调查资料显示，当同一职位的薪酬水平高于市场平均薪酬水平的 10% 时，在人才方便流动的地区，该薪酬水平就具有竞争力。尽管公司确定各职位的中级薪酬水平以高于市场 5% 的水平作为参考，但其各职位的中级以上的薪酬水平是远高于市场 10% 以上的。所以，该公司新的薪酬水平是具有竞争力的。

（六）薪酬结构及其比例的设计

在确定了各薪酬等级的相应水平后，就要根据结构工资制的基本要求，将薪酬总额分解成若干有机的组成部分。为此，参照 HD 公司原有的薪酬结构，确定薪酬结构主要由基本工资、岗位工资和绩效工资三部分组成（另有学历工资和外派财务总监补贴，但适用特定的对象）。其中，基本工资+岗位工资与绩效工资的比例设为 8：20。为了便于计算和操作，在薪酬总额的三个部分中，扣除基本工资后，将岗位工资和绩效工资的比例设为 6：4。这样，随着薪酬总额的增高，其绩效工资所占的比例就越大，因为职务越高（薪酬总额越高），其承担的收益风险也就越大。

（七）薪酬水平的调整

理论上，按照上述步骤，薪酬的设计就基本完成，但现实中，考虑到薪酬计算和管理的简单化，一般需要对各薪等薪级的数额进行整数调整。个别岗位还可能根据实际需要，调整薪酬等级。

六、结构工资制的主要内容

（一）基本工资

本着薪酬设计的合法性原则，基本工资参照政府规定的最低工资标准，且考虑到该标准后期可能继续调高和便于计算，设定公司职能管理部门所有员工基本工资均为每月 500 元。

（二）岗位工资

按照预先设定的薪酬等级，该公司职能管理部门共设有六个薪等，二十四个薪级，其中四等以上每个薪等之间的最低薪级都与下一等级的最高薪级重复。

表 4.8　结构工资等级

薪等	职位	薪级	工资总额/元·年$^{-1}$	岗位工资/元·月$^{-1}$	绩效工资/元·月$^{-1}$	系数
一	副总裁总监	1	93 600	4 380	2 920	2.90
		2	81 600	3 780	2 520	1.80
		3	75 600	3 480	2 320	1.66
二	部门经理	1	75 600	3 480	2 320	1.66
		2	68 400	3 120	2 080	1.49
		3	63 600	2 880	1 920	1.37
		4	60 000	2 710	1 800	1.29
		5	57 600	2 580	1 720	1.23
三	部门副经理	1	57 600	2 580	1 720	1.23
		2	51 600	2 280	1 520	1.09
		3	48 000	2 100	1 400	1.00
四	部门助理	1	48 000	2 100	1 400	—
		2	42 000	1 800	1 200	—
		3	38 400	1 620	1 080	—

表4.8(续)

薪等	职位	薪级	工资总额/元·年$^{-1}$	岗位工资/元·月$^{-1}$	绩效工资/元·月$^{-1}$	系数
五	主办	1	36 000	1 500	1 000	—
		2	31 200	1 260	840	—
		3	27 600	1 080	720	—
		4	25 200	960	640	—
		5	24 000	900	600	—
六	办事员	1	21 600	780	520	—
		2	18 000	600	400	—
		3	15 600	480	320	—
		4	13 200	360	240	—
		5	12 000	300	200	—

（三）绩效工资

绩效工资分为两类：部门副经理（含）以上的员工绩效与集团的相关经济效益指标挂钩，根据指标的实际完成情况按比例提取绩效工资总额，再根据不同的等级系数进行分配；部门助理（含）以下的员工绩效工资为固定值，跟个人的工作绩效考核结果挂钩，年终若公司效益有明显提高或员工表现特别优秀，可适当发放一定数额的年终奖。

挂钩指标重新设定为三个：一是集团合并利润，权重为30%，它是衡量整个集团经济效益的唯一指标；二是集团本部业务利润，权重为40%，它是集团本部职能管理部门管理费用的主要来源；三是集团房地产回笼资金，权重为30%，集团大量的资产沉淀在保税区的房地产上，盘活存量资产是公司重要而艰巨的任务。这些指标基本反映了公司的整体效益水平。

（四）学历工资

设置学历工资的目的在于鼓励高学历的员工。作为该公司总部的一般员工基本都要求本科以上学历，所以学历工资的适用对象为硕士及以上学历的员工。具体标准如下：硕士300元/月，博士800元/月，博士后1200元/月。

（五）外派财务总监补贴

根据所派遣企业的销售额、资产规模和财务人员数量等情况，将补贴分为四个级别，每月分别为250元、200元、150元和100元。

另外，为了便于薪酬管理和考核，公司车队驾驶员、打字员和总台接待员等，不再实行固定工资制。他们的薪酬根据市场行情，在结构工资制的五等和六等之间套定级别。

第五章　A 公司技能薪酬体系设计实践

第一节　A 公司人力资源概况

A 公司刚成立时仅有 22 个员工，发展至今已有 129 人，其中管理岗位共 11 人，包括出资创办公司的股东以及专门招的一些部门办事专员；操作岗位共 90 人，包括运输砂石泥土的汽车司机及挖掘机司机；技术岗位 28 人，主要是炮工。

一、A 公司简介

A 公司成立于 2018 年 10 月，公司位于宜宾市屏山县，注册资本为 2 500 万元人民币，所属行业为批发业，经营范围包含：建材批发；土砂石开采；黏土及其他土砂石开采；销售矿产品；矿山工程等。通过多年的努力，A 公司拥有了良好的商业信誉及优质的客户群体，以省内市场为中心，逐步向外省市延伸发展业务。

二、A 公司员工薪酬概况

在 2018 年 A 公司刚刚成立之初，公司的规模不大且人数不多，那时缺乏完整的组织架构，公司员工的工资也是老板凭借主观感受随意给的，并没有一个好的薪酬体系可以清楚地向员工解释清楚他们为什么是那么多的工资，后进入公司的员工的工资也是通过与老员工的技能技术、工作经历、学历、个人情况等方面进行比较后，由老板随意制定。

A 公司技术型岗位员工和操作岗位员工都是从上到下分为高级、中级以及助理三类，都采用技能薪酬体系。其薪酬分为固定薪酬和浮动薪酬，其中固定薪酬包括基本工资、学历职称津贴，浮动薪酬包括绩效工资、灰尘防护补贴、加班津贴、年终奖金。

管理人员主要是采用职位薪酬体系，其薪酬主要包括固定薪酬和浮动薪酬两部分。其中，固定薪酬由基本工资、工龄工资、灰尘防护补贴以及保险构成，而浮动薪酬则包括加班津贴、绩效薪酬及年终奖金等。

三、A公司员工薪酬体系调查

亚当斯的公平理论指出，当员工比较自己与其他同事的收入时，如出现感觉受到不公正待遇的情况，可能会表现出消极怠工、有损企业形象或者突然离职等负面行为。所以，本书采用问卷调查方式调查A公司薪酬体系存在的问题及其产生的原因。

本书所进行的问卷调查，调查对象为A公司员工，覆盖公司管理、专业技术以及操作三种不同岗位，旨在确保调研结果既具有广泛的代表性，又具备反映公司不同层级员工薪酬体系状况的真实性，以期在发现薪酬体系存在问题的基础上，提出相关改进意见。

因此，本调查问卷共设置31个问题，主要包括员工基本信息和薪酬体系公平性两大方面。对基本信息情况的统计，涉及被调研对象的性别、婚姻状况、年龄、工龄、学历、工资等方面，共设置问题11个；对薪酬体系公平性进行研究，共设置问题20个，针对员工薪酬水平的满意度、与同行业员工薪酬比较、薪酬水平与自身技能的匹配度、不同岗位薪资差距、绩效考核与薪酬的关联度、绩效考核的规范性、薪酬管理过程的科学性等方面进行了提问。

此次共发放调查问卷129份，收回有效问卷120份，问卷回收率为93%。不同职位调查问卷回收情况为：管理岗位应收11份，实收11份；专业技术岗位应收28份，实收26份；操作岗位应收90份，实收83份。

四、问卷的信度和效度分析

（一）信度分析

为了验证对A公司薪酬体系公平性方面调查结果的可靠性和代表性，确认被调查者是否认真答题，确保后续研究能够顺利进行，对该问卷调查中有关公平性的问题开展信度分析。

针对所设计的调查问卷进行可靠性分析时，通过 SPSS 网站对调查问卷中涉及公平性方面的问题进行信度量化分析得出，薪酬体系公平性总量表的克隆巴赫系数为 0.939，表明调查问卷的一致性好，问卷信度高。薪酬公平性总量表和四个维度的薪酬体系公平性 a 系数如下表 5.1 所示，可见调查结果比较可靠。

表 5.1　薪酬体系问卷调查信度系数表

项目	a 系数	问题数目
薪酬体系公平性总量表	0.939	20
外部公平性	0.804	5
内部公平性	0.808	5
个人公平性	0.775	5
管理过程公平性	0.792	5

（二）效度分析

本次问卷调查样本覆盖了各层级职位约 93% 的员工，内容效度较好。这里使用因子分析法对调查问卷进行结构效度分析。首先问卷需要通过 KMO 值、Bartlett 球形度两项检验来说明问卷具有结构效度。Bartlett 球形度检验对应的 Sig 值需要小于 0.05，检验结果如表 5.2 所示，结构效度较好。

表 5.2　KMO 和 Bartlett 的检验表

取样足够度的 Kaiser-Meyer-Olkin 度量		0.935
Bartlett 的球形度检验	近似卡方	1 155.491
	df	0.190
	Sig.	0.000

五、薪酬体系总体情况分析

本书主要采用员工满意度法，通过问卷直接了解他们对薪酬的满意度，以此衡量公司薪酬公平性。

对于薪酬体系公平性调查问卷的总体调查数据，使用平均值和标准差来显示，具体情况如表 5.3 所示。

表 5.3 公司薪酬体系公平性情况统计表

项目	平均值	标准差
薪酬体系公平性总量表	2.63	0.946
外部公平性	2.64	0.982
内部公平性	2.63	0.964
个人公平性	2.63	0.914
管理过程公平性	2.62	0.924

不管是薪酬体系公平性总量表还是四个维度，平均值都是差不多的，但都低于3，总体公平性呈中下等水平，说明公司薪酬体系公平性不强。

若公司的外部公平性均值较低，则表明该公司目前的薪酬水平不具备较高的竞争性，相较于所在地区同类型企业而言，对人才的吸引性不强，公司在人才的引进、激励和保留方面存在困难，薪酬体系有较大的改进空间。薪酬体系的内部一致性差，不仅会打击员工工作积极性与创造性，还会影响公司内部团结，降低公司凝聚力，让公司薪酬管理体系形同虚设。薪酬体系个人公平性和管理过程公平性均值也不高说明公司薪酬体系还存在个人公平性欠缺、薪酬管理实施方式或管理机制欠妥、薪酬体系透明度不够等问题。

六、小结

本部分对问卷调查的开展、样本基本信息、问卷的信度和效度以及问卷数据进行分析说明。首先对样本基本信息情况进行分析，然后分别从总体情况和四个维度的公平性方面对问卷数据进行详细分析。经过分析发现A公司薪酬体系四个维度的公平性得分均较低，员工不太满意现行薪酬体系，本次问卷调查为后续探究A公司薪酬体系存在的问题及再设计可实行的措施提供了数据支撑。

第二节　A公司薪酬体系存在的问题及其原因分析

调查显示A公司的员工对当前薪酬体系满意度不是很高，从薪酬公平性的四个维度来看，企业的现有薪酬管理制度不是很完善，企业要想在当前的行业环境下走出四川省,就要注重人才的引进和管理,提高薪酬体系的公平性,完善企业薪酬制度,提高员工的积极性与创造性,因此对 A 公司薪酬体系存在的问题及原因进行系统梳理极为重要。

目前 A 公司职位薪酬体系和技能薪酬体系结合使用,企业根据职能的不同将职位划分为管理、专业技术和操作三种类型,在对员工薪酬进行设计时,管理者薪酬实行职位薪酬体系,主要根据管理者担任的职位高低来确定其薪酬;专业技术人员和操作人员薪酬实行技能薪酬体系,但在实行过程中薪酬却参照员工经验由管理者随意定制,极大地削弱了专业技术人员进步的积极性。

一、A 公司薪酬体系存在的问题

(一) 薪酬体系外部公平性有待提升

市场薪酬调查有所欠缺。通过对 A 公司管理者和薪酬管理专员的访谈了解到,公司在确定市场薪酬水平时并没有借助专业的第三方机构。A 公司当前实行的职位薪酬体系和技能薪酬体系的薪酬结构、薪酬水平,都是公司在创立初期由管理者自己制定的,但随着公司的发展,现行薪酬体系与企业发展速度不匹配,不能发挥薪资的激励作用,因此需要提升外部公平性。

薪酬的外部竞争性有待提高。土砂石开采属于劳动密集型行业,员工是企业生产发展的密码,对企业来说至关重要,但是问卷调查和访谈结果显示,受访者普遍认为公司目前的薪酬水平不具备较强的外部竞争性,甚至有 45.8% 的受调查员工认为自己的薪酬在本地区人才市场上的竞争性为"比较低",有 22.5% 的受调查员工认为"非常低"。

(二) 薪酬体系内部一致性不足

学历职称价值体现较少。公司虽然设有学历职称津贴,但是在公司发展扩大过程中缺乏动态调整,早已不能适应企业当前的发展,无法满足目前企业转型升级的发展需求。

缺乏客观科学的技能等级评价。A 公司目前并没有一套系统全面的技能评价体系,也没有编制出规范、具体的技能等级说明书,由于工作缺乏系统指导,员工对自己所在技能等级应有的职责、权力、任职资格等了解不足。

(三) 薪酬体系个人公平性不理想

浮动薪酬激励效果不明显。据访谈了解,操作岗位员工的薪酬结构中绩效工资为一组员工共同的绩效工资,由于每组员工每月的工作量基本不会有太大的变动,因此,同一技能等级员工的薪酬只能靠学历职称津贴等拉开微小的差距,体现不出工作的熟练程度和技能、能力等因素对工作的影响,这可能造成一些优秀的人才因为待遇不公平而离职跳槽。

针对专业技术型员工的工作考核不具体。目前专业技术型员工薪酬构成中,绩效薪酬约占总薪酬的1/4,所占比例过低,公司目前缺乏对这部分员工工作结果、工作质量的考核,员工只要完成日常工作就可以拿到全额薪酬,绩效薪酬对员工的激励作用难以保证。

(四) 薪酬体系管理过程公平性失衡

薪酬管理制度建设落后。通过对10位员工的访谈可知,有7名受访者认为公司在评定技能等级时存在能力与等级不符的问题。一方面公司人才的选拔任用机制不够完善,企业内因人设岗、因人设薪的现象普遍。另一方面,企业晋升渠道狭窄,管理层职位紧俏,公司在进行管理人员选拔时存在论资排辈的现象,且会优先任用与管理者交好的员工,导致员工晋升竞争激烈,很多技术能力很强但没关系的员工看不到晋升的希望。

制订薪酬方案时,公司未与员工进行有效沟通。调查问卷结果显示,在制订、执行或者变更薪酬体系方案的时候,公司很少会与员工就薪酬问题进行有效且足够的沟通,甚至有13.33%的员工认为公司未与员工沟通过。管理者一味地要求员工被动接受执行的薪酬制度,很少给员工发言的机会,而且公司管理层几乎不会采纳员工提出的与薪酬有关的意见。

薪酬体系不够公开透明。公司在进行薪酬分配时,采取的是保密模式。公司内只有少数管理者能够掌握薪酬的全貌,剥夺了员工对薪酬体系的知情权,员工不清楚薪酬水平与个人工作绩效之间的具体联系,这会削弱企业薪酬体系对员工的激励作用。

二、A公司薪酬体系的问题原因分析

(一) 未及时调整公司薪酬制度

A公司自成立以来,公司管理者依靠自己的主观判断和以往的经验来给员工定薪资,导致公司员工中存在平均主义和论资排辈的现象。同时,公司将主要资源倾斜于业务拓展方面,对薪酬水平调整关注度不高,未能根据市场薪酬水平变化及时调整公司内部薪酬标准。

(二) 公司忽视非经济性薪酬

A公司现有非经济性薪酬部分主要包括工龄工资、灰尘防护补贴、加班津贴、年终奖金。A公司虽说福利项目较为丰富，但能够得到每种福利的员工人数比较少，且金额比较小，大部分员工认为许多福利项目仅停留在形式上，公司无法在经济报酬和非经济报酬之间找到一个平衡点，造成薪酬管理中的激励效果无法正常发挥。

第三节 A公司薪酬体系再设计

一、A公司薪酬体系再设计原则

（一）公平性原则

A公司薪酬体系再设计时要保持公平性原则，要充分考量A公司员工对原有的以职位为核心的薪酬体系的不满、对原岗位评价的不认同，以及对内部公平的追求，对薪酬等级划分和调整进行重新设计。

（二）战略性原则

A公司在薪酬体系再设计时，要满足公司积极适应新形势下市场竞争环境的发展目标及战略规划，使再设计后的A公司薪酬水平能够在本地区有竞争力，能够做到靠薪酬体系吸引到外界优秀人才，并让他们留下来。同时，主动将资金向公司关键性人才倾斜，通过公平合理的评价标准，给予重点发展对象更多的薪资权重，充分实现员工自身价值。

（三）激励性原则

A公司在薪酬体系再设计中，要重新设计员工层级，充分发挥出技能薪酬体系的优越性，将每位员工的薪酬水平与其工作能力相关联，充分激励员工主动提升职业技能和工作效率，整体推动公司运转效率。

（四）经济性原则

薪酬体系再设计过程中，将A公司整体人工成本增幅严格控制在20%以内，通过调整技能等级评价及内部分配的方式，让每位员工个体资历、技能的差异均在薪酬水平上有所体现，以小幅增加人工成本为代价，积极营造劳有所得、学有所得的企业文化氛围，促进A公司专业化人才梯队建设，增强技术核心竞争力。

（五）可操作性原则

在对A公司薪酬体系再设计过程中，要充分平衡公司整体利益与员工个人利益，结合公司的实际情况和经济现状，抽调骨干力量，保证资金充足，广泛听取意见，平稳推动此次薪酬体系优化工作。

二、A 公司技能薪酬体系的再设计

再设计部分根据前文对公平性的四个维度的调查、A 公司薪酬体系存在的问题及其原因的综合分析，构建出 A 公司技能薪酬体系的再设计步骤如下：

（一）完善市场薪酬调查

前期进行的问卷调查结果显示，有 45.8%的员工认为公司在本地人才市场上的竞争力比较低，有 22.5%的员工甚至认为这个薪酬水平在本地的竞争力非常低，尽管员工可能是有出于这样填问卷也许会让老板涨工资的心理，但也不可否认 A 公司给员工的薪资可能真的在本地不占优势。

因此，公司可以向宜宾市类似公司从事类似工作的员工发放调查问卷，来进行全面的市场薪酬调查，这个市场薪酬调查主要目的是了解本行业、与 A 公司规模类似的公司、同一地区相同岗位或相似岗位的薪酬水平。公司通过此调查后可根据类似公司的薪酬体系、基本薪资、基本福利情况等，适当提高公司薪酬水平以增强企业的竞争性和对专业人才的吸引性，从而达到增强企业外部公平性的目的。

（二）合理地进行技能等级确定

本书针对专业技术岗位员工，如炮工，重新设计技能薪酬体系，让员工从工作流程的角度出发，审视自己所从事的工作，真正体现出公司对知识、技能的人才的尊重，实现薪酬待遇"按技分配"，提高高技能人才的工作积极性，鼓励员工通过不断的学习，提升自己的知识、技能水平来适应工作丰富化和扩大化的要求，实现薪酬水平的提高。以下是进行技能薪酬体系再设计必不可少的一些步骤：

1. 成立技能薪酬计划小组

专业技术岗位员工通过技能薪酬体系的激励，其工作表现得到有效提升，而这种激励方式比其他形式的激励方式所带来的效果更加显著。而进行技能薪酬体系的再设计的第一步就是成立技能薪酬小组的技能薪酬体系设计小组和指导委员会。技能薪酬体系设计小组成员为厂长、副厂长、公司 HR、各个技能层级的员工代表及笔者等 9 人；指导委员会成员为公司 7 名股东。

成立技能薪酬小组的主要目的旨在确保重新设计的技能薪酬体系与公

司薪酬战略一致；建立由设计小组制定相关规章制度的技能薪酬体系，并将计划提交至指导委员会成员进行批准；对技能薪酬设计小组的工作进行有效监督和协调，以指导其进一步完善相关设计；对已确定的技能薪酬方案进行详细审核和评估，确保其合理性与可行性；指导委员会成员还要对最终的技能薪酬计划设计方案进行审查批准。

2. 进行工作任务分析

技能薪酬体系要求员工掌握多种技能以完成不同的工作，一名员工可对应多种技能模块，经过对工作流程的重新分析定位，确保技能薪酬体系能够满足专业技术岗位员工需求。对于 A 公司炮工来说，可以采用深度技能薪酬体系，鼓励员工通过努力不断深化自己所拥有的知识和技能，使自己更精通这一方面的技能，从最开始的一个助理员成长成能独立完成宏观战略下的爆破任务的炮工。在这一薪酬体系下，员工的职业发展是沿着特定的、专业化的路径不断上行的，随着员工在某一方面知识技能的积累和深入，员工的薪酬水平也在提高，员工不需要去做类似沟通、人际交往、管理等自己不擅长的事情，只需要保证技术水平的领先就能获得相应的回报。员工通过提高技术水平来实现薪酬水平的提高，极大地激励了专业技术型员工努力学习上进，使其在自己精通的领域中精益求精。A 公司炮工的技能等级结构如图 5.1 所示。

炮工	运用各种原理知识以及其他相关领域的知识来解决广泛且困难的问题，受到非常一般的监督
助理炮工	运用标准的知识及原理来解决广泛的问题，受到一般监督
助理员	运用基础的知识来解决一般的问题，受到严格的监督

图 5.1 炮工技能等级结构图

以公司炮工的薪酬体系为例，炮工随着技能水平由初级到高级的不断提高，员工的薪酬水平也随之提高。炮工技能水平由下到上对应的技能等级分别为助理员、助理炮工、炮工。深度技能薪酬体系设计方案如表 5.4 所示。

表 5.4　炮工深度技能薪酬体系设计等级结构

技能等级	技能种类			
	设备管理	检修管理	工程设计	成果检查
高级	A3	B3	C3	D3
中级	A2	B2	C2	D2
低级	A1	B1	C1	D1

（三）技能等级的确定

由于 A 公司最初给员工发薪酬全凭老板主观想法来定，这让很多员工心生不满，A 公司应该制作一份技能说明书，可以让员工很清楚地知道自己属于什么技能等级，大概每个月有多少薪酬，这样可以逐渐提高员工的薪酬满意度。

根据员工工作任务的分析来对各个技能进行等级评定，针对 A 公司炮工来说，其所有的工作任务均被划分为三个技能等级，一级技能要求员工具备最基础的技术知识，能够完成上级领导安排给其的一系列日常工作。二级技能要求员工具备中等水平的专业知识、判断能力和应变能力，他们需要按照既定的标准和规范来完成工作任务。三级技能要求员工必须具备高水平的专业知识、判断能力和应变能力，他们能够根据公司宏观战略来决定公司如何开展爆破计划，除此以外，他们还要为自己做出的决定和下达的命令负责，在评价这一技能等级的员工时，评价其最后的工作结果质量是一个主要方式。

（四）技能等级的定价

通过把 A 公司炮工技能分成三个等级，每个技能等级对应的薪酬水平如表 5.5 所示。

表 5.5　各技能等级炮工薪酬水平

技能等级	对应薪酬水平/元
炮工	三级	9800
助理炮工	二级	8100
助理员	一级	6200

在进行薪酬体系的设计时，需要确保不同技能等级的薪酬差异既不能过大，也不能过小，差距过大了会引起工资较低的员工的不满，差距过小

则不能达到利用薪酬对员工进行激励的目的。当然，此定价只是基础定价，公司可以根据每个员工具体工作环境、工作困难程度给予适当补贴，以此使薪酬水平保持合理差异。比如，由于炮工工作的环境不太好，且工作具有危险性，因此可以对出现场的炮工给予适当的薪酬倾斜，以保证员工的工作积极性。

（五）技能的分析、培训与认证

为了激励员工不断提升个人技能，掌握高超专业技术，以提升公司的竞争力和适应外部环境的灵活性为目标，公司必须在薪酬制度改革的同时，制定完备的培训开发体系，明确员工在各技能等级所需掌握的能力，积极推行相关培训。公司应该以一个科学客观的技能评价为其基础，激励员工开展与自己的职业发展需要相适应的学习，比如开展在职学历和技能的提升、定期举办内部技能培训、对阶段性的培训进行考核，以确保培训的质量和效果。此外，公司内部还可以开展"老人带新人"的结对活动。

实施技能薪酬体系后，对员工技能水平的认证也同样重要。公司可以成立由公司高层、普通员工、技能专家等成员组成的技能认定小组，通过观察、记录员工在工作时的实际表现情况，来给员工进行技能等级的评定，如果员工原本只是一名助理员，但通过多方面的学习，其已具备一名助理炮工所必需的技能，那么可在特定时间给该助理员升级。在完成员工的技能评定后，每隔一段时间还要对员工的技能水平进行再认证，保证员工能够保持原有的技能水平不下滑，并确保其能够将更高水平的工作技能运用于工作当中。同时，对技能等级上升的员工应及时给予其匹配的薪酬待遇，肯定员工的进步。

一方面技能薪酬体系能够有效地鼓励员工通过提高技术水平为企业做出更大的贡献。另一方面也能够保证专业技术岗位的员工能够安于本职工作，让他们可以通过追求并保持技术水平的领先从而获得薪酬水平的上升，而不是一味地去追求职位的晋升来获得更高的薪酬。相比于职位薪酬体系，技能薪酬体系能够帮助企业吸引到更多优秀的人才，更适合像A公司这样的处于高速发展阶段的企业，但是技能薪酬体系的实施有可能会在短期内增加企业的薪酬成本，因此需要管理者给予足够的支持，并在力所能及的范围内提供足够的资金保障。

（六）适当提高员工薪酬水平

前文对薪酬体系存在的问题及问题产生的原因分析显示，公司管理者对员工的薪酬制定过于随意，有关系的员工工资较高，而真正有技术的员工可能工资反而较低，薪酬体系也不够透明，甚至许多员工都不知道自己的工资到底是如何组成的。针对以上问题，企业管理者应当提高对薪酬体系的重视程度，在当前生产经营情况的约束下，根据公司真实的盈利情况，适当增加企业人力成本的投入，如将盈利所得的部分资金拿来提高员工的薪酬水平。具体可以从以下4个方面进行调整：

1. 提高员工基本工资

前期调查显示，A公司员工薪酬水平较低，要改善这一现状可从提高基本工资着手。目前除中高层管理者、专业技术型员工外，其他员工的基本工资相同。对此，可以根据各个员工所处的技能等级、工作环境、所做工作的能力要求等因素对不同员工采取不同基本工资。

2. 改善核心员工薪酬水平

通过前文分析可知，A公司高层管理者工资水平目前还不错，但是中层管理者、操作岗位员工薪酬水平与全市平均水平相比仍有较大的差距。中层管理者日常生活中要更多地管理员工工作，要负责做到有效地传达上级的命令，除此以外，还要负责生产质量的把控，他们的工作直接对口基层员工，职责重要，同时也承担着巨大的风险，因此公司可以适当提高这部分员工薪酬水平以保证他们工作的积极性和忠诚度，还能在公司内营造一种尊重人才、认可知识价值的文化氛围。

3. 提高学历津贴金额

为了彰显员工能力的经济价值，提高学历津贴金额是一个可行的方案。该方案所提供的学历津贴将会根据员工的学历情况进行差异化发放，这种做法既能凸显个人能力，也能帮助企业招揽和留住具备高学历和高技能的杰出人才。此外，该方案还有助于激发员工提升职业素养和学历层次的积极性，例如，A公司有位厂长主动去考取了成人本科，学习如何高效管理公司，这也是一种提升自身技能的表现，应该给予奖励。公司进行技术层面的决策时，让高学历、高技能人才参与其中，一方面能确保决策的科学性，另一方面也能让员工对公司更有归属感，甚至可能会让部分员工想要通过提高学历、提高技能的方式来参与公司决策，实现自我价值。因此，公司可以适当提高学历津贴金额来鼓励更多员工提升自己的学历，让他们不断更新知识体系，适应企业快速发展。

4. 完善薪酬体系动态调整机制

目前公司实行的薪酬体系下，虽然每年员工的薪酬都会上涨，但是仅为工资的 2% 左右，算下来平均每人仅涨工资一百多块钱，并且薪酬调整没有针对性，大家都普遍上涨，这样对于那些对公司贡献很大的员工来说很不公平，对于平时不积极的员工来说自然是欣喜的，这样过度的公平其实反而会引起大部分员工的不满。公司应根据物价上涨水平、房价变动幅度等因素，以 3～5 年为周期对目前实施的薪酬体系进行系统全面的调整，对于不同工作表现的员工给予不同的薪酬变动幅度，起到薪酬体系引导员工行为的作用。

三、加强与员工的沟通

建立一个通畅的交流平台，使信息的反馈更加有效。公司的薪酬体系的成功实施与推广，必然需要企业所有员工的广泛参与与支持。在重新设计和实施薪酬体系时，要充分考虑到员工的意见，这样才能让新的薪酬体系发挥出应有的作用。在展开薪酬体系的再设计之前，管理者要首先将薪酬体系设计的初衷和想要达到的效果公开，并深入和广泛地征求各阶层员工的意见，对员工反馈上来的问题予以重视，并以此为依据，对薪酬体系展开修改和完善，保证在实施的过程中，薪酬体系可以被大多数员工所接受。在薪酬体系推行之后，不可避免地会产生各种各样的问题，如果没有一个有效的员工信息反馈系统，则无法及时地对其进行处理，无法平息员工的不满，那么，这些问题就会越积越多，最终会对薪酬体系的实施产生不利的影响。为了解决这一问题，可以向员工敞开薪酬沟通渠道，通过设立意见箱、召开员工代表会议等方式，对员工的薪酬体系满意度进行调查，同时也欢迎员工对当前的薪酬体系状况提出自己的意见和建议。通过持续不断的搜集和整理各个阶层的员工对薪酬体系的看法，制作出定期的报告，以动态的方式监督公司当前实施的薪酬体系是否具有合理性和可行性，从而达到有效分配薪酬资源的目的。

实行薪酬透明的制度。此制度针对实行技能薪酬体系、有明确技能薪酬等级评价的员工。在制定薪酬制度的过程中通过文件形式公开薪酬的制定过程、技能等级的评定方法和认定方法，以及薪酬制度等有关的内容，并对薪酬方面的问题做出详尽的说明，健全薪酬制定的公开制度，让员工可以积极参与其中，并进行监督。A 公司在支付薪资的时候，采取了一种保密的方式，不让员工在公司里讨论薪资的事情，但是这也让员工们更加怀疑，他们是不是受到了不公正的待遇。他们会怀疑，是不是有员工有着和自己一样等级的技术，但他们的薪酬更高，这样不仅没有发挥薪酬体系的激励作用，还会影响到员工之间的信任。

第四节 实施保障措施

一、确定薪酬体系再设计保障小组成员及分工

成立由A公司董事长及公司的其他5位股东组成的保障小组，由厂长、副厂长、公司HR、各个技能层级的员工代表及笔者等9人组成的技能薪酬设计小组，充分整合了A公司各层面的力量。为确保工作能顺利进行，每人都有各自的任务，具体参考前文成立技能薪酬小组的目的。

二、做好相应资金保障

此次技能薪酬体系再设计工作在一定程度上会增加A公司的人力成本，且因为需要动态记录员工的反应，需要1~2年的时间完成此次工作。为更好地推进A公司技能薪酬体系的实施，要及时建立薪酬体系再设计资金保障措施，因为之后可能会给员工更高的福利待遇。但在此过程中也要注意控制成本，避免出现铺张浪费的情况。

三、做好与员工的沟通交流

为保证此次再设计工作顺利开展，并获得全体员工的大力支持，可采取员工座谈会、重点政策宣讲、线上线下答疑的方式，确保每一名员工了解此次再设计的意义和优势，打消个别员工的顾虑。同时，结合在薪酬体系优化过程中所遇到的实际问题，定期开展培训工作会，向员工明确以学历、专业技术职称、综合能力为基础的薪酬体系转换的计算方法，保障薪酬体系优化工作的有序推进。

第六章　KH 高级技工学校技能薪酬体系设计实践

第一节　KH 高级技工学校基本情况介绍

一、学校简介

科华高级技工学校（为行文方便，后文将采用"KH"来代替原名进行阐述）是四川省人力资源和社会保障厅批准成立的"省级重点技工学校"，省级高技能人才培训基地，三星名校。学校总占地约 100 余亩（1 亩约等于 667 平方米），共有学生 2 500 余人。目前学校教师共 140 余人，双师型教师 37 人，中级职称教师 40 人，高级职称教师 20 人，省级技能标兵 1 人。

二、组织结构

KH 高级技工学校为民办学校，组织结构设立健全。具体情况如图 6.1 所示。

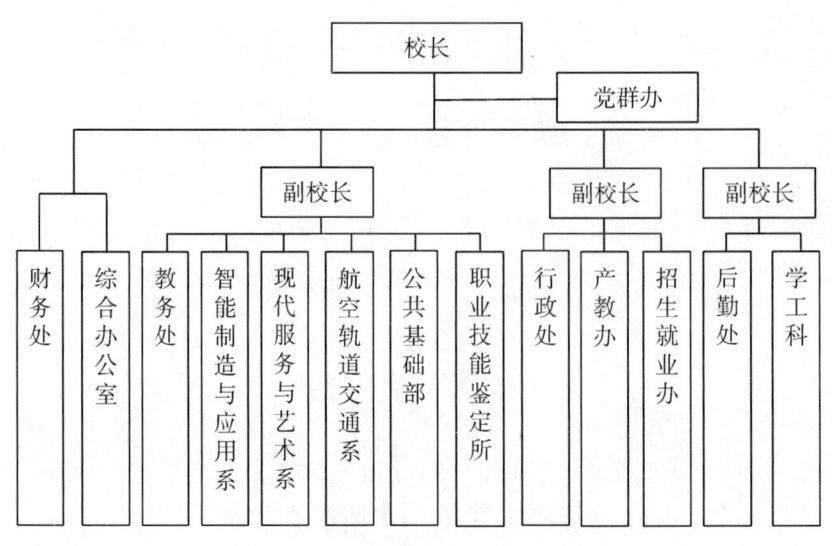

图 6.1　KH 高级技工学校组织结构

第二节　KH 高级技工学校技能薪酬体系现状及问题分析

一、KH 高级技工学校技能薪酬体系现状

目前 KH 高级技工学校的教师工资体系主要是以技术为基础的薪酬体系，教师薪资结构由基本工资、绩效工资、津贴、奖金以及福利构成。如表 6.1 所示。

表 6.1 薪资构成

单位：元/月

级别		基本工资	课时工资	全勤	超课时	校龄工资	津贴	奖金
高级	1	4 300	2 000	200	550	在校工作起算，以50元/年逐年递增，600元封顶	双师型教师200；双学位250；研究生300；博士生400；班主任200	区市级优秀教师2 000元，省级优秀教师5 000元，国家级优秀教师10 000元
高级	2	4 100	2 000	200	550			
高级	3	3 900	2 000	200	550			
副高	1	3 600	1800	200	400			
副高	2	3 400	1800	200	400			
副高	3	3 200	1800	200	400			
中级	1	2 900	1 400	200	300			
中级	2	2 700	1 400	200	300			
中级	3	2 500	1 400	200	300			
初级	1	2 200	1 200	200	240			
初级	2	2 000	1 200	200	240			
员级	3	1 800	1 200	200	无			

二、问卷调查与分析

（一）问卷设计与发放

本次调查问卷分为教师基本信息与正式问题调查两部分。问卷调查采用网络匿名方式，通过问卷星设计问卷，利用微信、QQ等渠道回收。问卷共收回130份，有效问卷125份，有效回收率为96.15%。

（二）问卷信效度分析

量表是否稳定可靠，通常以Cronbach α系数指标进行评价，本问卷Cronbach α系数为0.970，表明其信度良好。如表6.2所示。

表 6.2　量表信度分析结果

名称	校正项总计相关性（CITC）	项已删除的 α 系数	Cronbach α 系数
内部公平性	0.941	0.955	0.970
外部竞争性	0.926	0.959	
激励制度	0.939	0.955	
薪酬构成	0.888	0.970	

问卷效度取决于 KMO 值。本问卷 KMO 值为 0.935，说明其效度较高。如表 6.3 所示。

表 6.3　量表效度分析结果

名称	数值
KMO 值	0.935
巴特球形值	1813.634
Df	171
p 值	0.000

（三）基本信息情况分析

如图 6.2 所示，学校参与问卷调查的男性 53 人，占比 42.4%，女性 72 人，占比 57.6%，表明 KH 高级技工学校教师男女比例较为均衡。

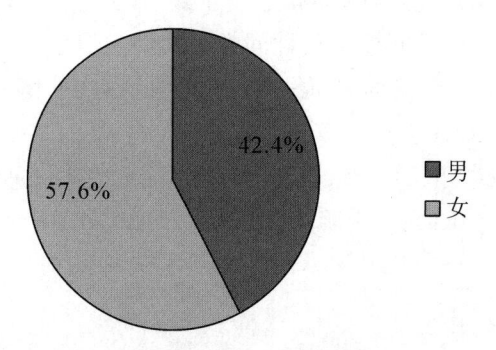

图 6.2　KH 高级技工学校教师性别比例

如图 6.3 所示，从年龄结构分析，30 岁以下 73 人，占比 58.4%；31~40 岁共 38 人，占比 30.4%；41~50 岁共 12 人，占比 9.6%；51 岁以上占比 1.6%。结果表明，学校教师偏年轻化。

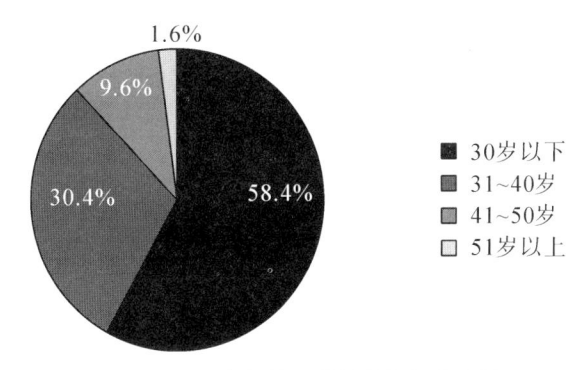

图 6.3　KH 高级技工学校教师年龄比例

从图 6.4 可以看出，参与调查的教师中拥有研究生及以上学历的有 17 人，占比 13.6%；本科有 96 人，占比 76.9%；专科有 12 人，占比 9.6%。这表明 KH 高级技工学校教师学历基本为本科，缺乏高学历人才。

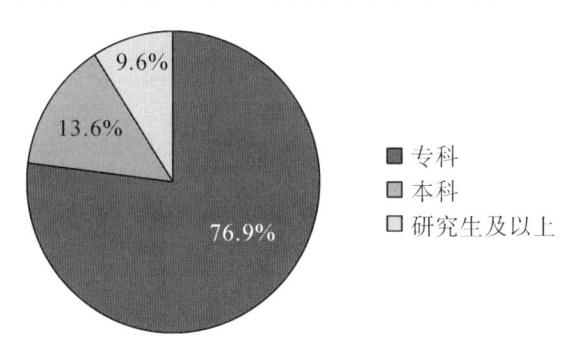

图 6.4　KH 高级技工学校教师学历比例

从图 6.5 可以看出，参与调查的教师中高级讲师 15 人，占比 12%；讲师 37 人，占比 29.6%；助理讲师及以下占比 58.4%。这表明 KH 高级技工学校中高级教师较少。

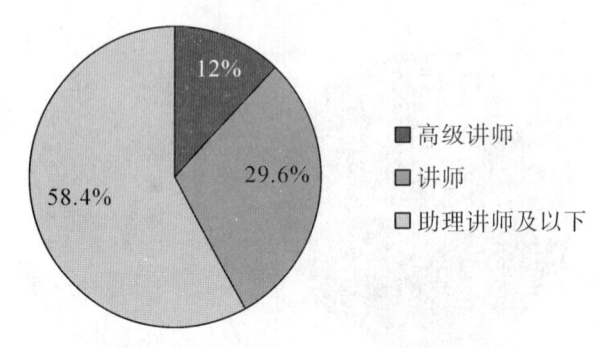

图6.5　KH高级技工学校教师职称比例

如图6.6所示，参与调查的教师中在校教龄5年以下79人，占比63.2%；6~10年33人，占比26.4%；11年以上13人，占比10.4%。这表现出与职称结构存在同样问题，即难以留住教师人才。

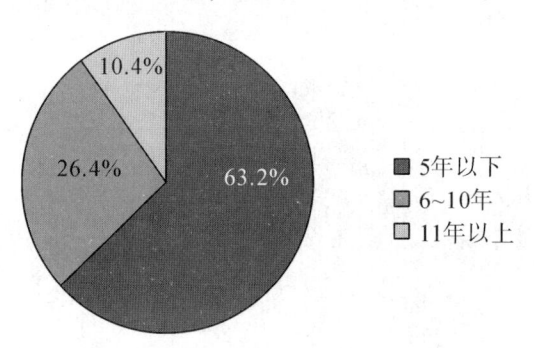

图6.6　KH高级技工学校教师在校教龄比例

（四）各维度描述性分析

由表6.4可知，KH高级技工学校教师对实施的技能薪酬体系的各方面认同度平均值均达不到3，且外部竞争性分值最低，仅有2.685分。这说明KH高级技工学校实施的技能薪酬体系不具备外部的强竞争性。

表6.4　各维度描述性统计分析

名称	样本量	最小值	最大值	平均值	标准差
激励制度	125	1.000	5.000	2.808	0.934
薪酬构成	125	1.000	5.000	2.824	0.879
内部公平性	125	1.000	5.000	2.808	0.903
外部竞争性	125	1.200	5.000	2.685	0.869

(五) 人口变量方差分析

如表6.5所示，对性别和薪酬构成、激励制度、内部公平性、外部竞争性进行方差分析，结果均呈现显著性（$P<0.05$）。为确定差距是否为显著水平，将进行事后多重比较。

表6.5　性别对薪酬构成、激励制度、内部公平性、外部竞争性的方差分析结果

	男（$n=53$）	女（$n=72$）	F	P
薪酬构成	2.58±0.82	3.00±0.88	7.541	0.007**
激励制度	2.57±0.93	2.98±0.90	6.106	0.015*
内部公平性	2.52±0.85	3.02±0.89	10.361	0.002**
外部竞争性	2.44±0.81	2.87±0.87	7.843	0.006**

注：* 表示 $P<0.05$，** 表示 $P<0.01$

如表6.6所示，通过进行事后多重比较发现，在薪酬构成、激励制度、内部公平性、外部竞争性几个维度中女性的均值全部高于男性

表6.6　性别对薪酬构成、激励制度、内部公平性、外部竞争性
进行事后多重比较结果

	名称（I）	名称（J）	平均值（I）	平均值（J）	差值（I-J）	p
薪酬构成	男	女	2.579	3.005	-0.426	0.007**
激励制度	男	女	2.572	2.981	-0.409	0.015*
内部公平性	男	女	2.516	3.023	-0.507	0.002**
外部竞争性	男	女	2.438	2.867	-0.429	0.006**

注：* 表示 $P<0.05$，** 表示 $P<0.01$

如表6.7所示，对年龄和薪酬构成、激励制度、内部公平性、外部竞争性四个维度进行方差分析，结果年龄对于激励制度、内部公平性呈现显著性（$P<0.05$），为确定差距是否达到显著，进行事后多重比较。

表6.7　年龄对薪酬构成、激励制度、内部公平性、外部竞争性的方差分析结果

	30岁以下（$n=73$）	31~40岁（$n=38$）	41~50岁（$n=12$）	51岁以上（$n=2$）	F	P
薪酬构成	2.95±0.82	2.71±0.96	2.50±0.97	2.33±0.47	1.476	0.225

表6.7(续)

	30岁以下 ($n=73$)	31~40岁 ($n=38$)	41~50岁 ($n=12$)	51岁以上 ($n=2$)	F	P
激励制度	3.00±0.96	2.59±0.76	2.42±1.05	2.17±0.71	2.933	0.036*
内部公平性	3.01±0.85	2.59±0.92	2.39±0.94	2.17±0.24	3.336	0.022*
外部竞争性	2.85±0.83	2.50±0.85	2.35±1.03	2.00±0.28	2.608	0.055

注：* 表示 $P<0.05$，** 表示 $P<0.01$

如表6.8所示，年龄对激励制度、内部公平性部分呈现出显著性差异（$P<0.05$），通过事后多重检验发现，对于激励制度有着较为明显差异的组别平均值得分对比结果为"30岁以下>31~40岁；30岁以下>41~50岁"。对于内部公平性有着较为明显差异的组别平均值得分对比结果为"30岁以下>31~40岁；30岁以下>41~50岁"。

表6.8 年龄对激励制度、内部公平性、外部竞争性的事后多重比较结果

名称（I）	年龄（J）	平均值（I）	平均值（J）	差值（I-J）	P
激励制度	30岁以下　31~40岁	3.005	2.588	0.417	0.024*
	30岁以下　41~50岁	3.005	2.417	0.588	0.041*
	30岁以下　51岁以上	3.005	2.167	0.838	0.203
	31~40岁　41~50岁	2.588	2.417	0.171	0.572
	31~40岁　51岁以上	2.588	2.167	0.421	0.526
	41~50岁　51岁以上	2.417	2.167	0.250	0.720
内部公平性	30岁以下　31~40岁	3.009	2.588	0.421	0.018*
	30岁以下　41~50岁	3.009	2.389	0.620	0.025*
	30岁以下　51岁以上	3.009	2.167	0.842	0.184
	31~40岁　41~50岁	2.588	2.389	0.199	0.496
	31~40岁　51岁以上	2.588	2.167	0.421	0.510
	41~50岁　51岁以上	2.389	2.167	0.222	0.741

注：* 表示 $P<0.05$，** 表示 $P<0.01$

如表6.9所示，对学历和薪酬构成、激励制度、内部公平性、外部竞争性四个维度进行方差分析，结果均不呈现出显著性（$P>0.05$），说明学历对四个维度均表现出一致性，无差异性。

表 6.9 学历对薪酬构成、激励制度、内部公平性、外部竞争性的方差分析结果

	专科（$n=12$）	本科（$n=96$）	研究生及以上（$n=17$）	F	P
薪酬构成	2.97±1.28	2.79±0.81	2.90±0.96	0.299	0.742
激励制度	3.19±1.34	2.77±0.86	2.76±1.01	1.140	0.323
内部公平性	3.28±1.30	2.74±0.81	2.86±1.02	1.959	0.145
外部竞争性	3.18±1.18	2.61±0.80	2.74±0.95	2.394	0.096

注：* 表示 $P<0.05$，** 表示 $P<0.01$

如表 6.10 所示，将教龄对于薪酬构成、激励制度、外部竞争性、内部公平性进行方差分析，均呈现显著性差异（$P<0.05$）。为确定差距是否达到显著，将进行事后多重比较。

表 6.10 教龄对薪酬构成、激励制度、内部公平性、外部竞争性的方差分析结果

	5 年以下（$n=79$）	6~10 年（$n=33$）	11 年以上（$n=13$）	F	P
薪酬构成	3.02±0.86	2.39±0.80	2.72±0.86	6.565	0.002**
激励制度	3.00±0.97	2.42±0.67	2.64±1.02	4.882	0.009**
内部公平性	3.00±0.89	2.40±0.84	2.69±0.82	5.484	0.005**
外部竞争性	2.85±0.85	2.32±0.76	2.60±0.98	4.805	0.010**

注：* 表示 $P<0.05$，** 表示 $P<0.01$

如表 6.11 所示，进行事后多重比较发现，教龄对于薪酬构成、激励制度、外部竞争性、内部公平性有着较为明显差异的组别对比结果均为"5 年以下>6~10 年"。

表 6.11 教龄对薪酬构成、激励制度、内部公平性、外部竞争性
的事后多重比较结果

	教龄（I）	教龄（J）	平均值（I）	平均值（J）	差值（I-J）	P
薪酬构成	5 年以下	6~10 年	3.021	2.394	0.627	0.000**
	5 年以下	10 年以上	3.021	2.718	0.303	0.232
	6~10 年	10 年以上	2.394	2.718	−0.324	0.242

表6.11(续)

	教龄（I）	教龄（J）	平均值（I）	平均值（J）	差值（I-J）	P
激励制度	5年以下	6~10年	2.996	2.424	0.572	0.003**
	5年以下	10年以上	2.996	2.641	0.355	0.193
	6~10年	10年以上	2.424	2.641	-0.217	0.466
内部公平性	5年以下	6~10年	2.996	2.404	0.592	0.001**
	5年以下	10年以上	2.996	2.692	0.303	0.247
	6~10年	10年以上	2.404	2.692	-0.288	0.315
外部竞争性	5年以下	6~10年	2.853	2.315	0.538	0.003**
	5年以下	10年以上	2.853	2.600	0.253	0.318
	6~10年	10年以上	2.315	2.600	-0.285	0.305

注：* 表示 $P<0.05$，** 表示 $P<0.01$

如表6.12所示，职称对薪酬构成、激励制度、内部公平性、外部竞争性四个维度的方差分析，结果均不呈现出显著性（$P>0.05$）。这意味着职称对四个维度均表现出一致性，并没有差异性。

表6.12　职称对薪酬构成、激励制度、内部公平性、外部竞争性的方差分析结果

	助理讲师及以下 （$n=73$）	讲师 （$n=37$）	高级讲师 （$n=15$）	F	P
薪酬构成	2.90±0.87	2.77±0.93	2.56±0.77	1.061	0.349
激励制度	2.93±0.92	2.73±0.92	2.40±0.94	2.246	0.110
内部公平性	2.88±0.87	2.84±0.98	2.38±0.81	1.993	0.141
外部竞争性	2.74±0.82	2.71±0.93	2.33±0.91	1.416	0.247

注：* 表示 $P<0.05$，** 表示 $P<0.01$

三、存在主要问题分析

（一）薪酬体系中薪酬构成不合理

对本次问卷调查结果进行描述性分析及方差分析可知，KH高级技工学校技能薪酬体系中薪酬构成存在不合理之处。其平均值为2.808，表明目前学校实行的技能薪酬结构可能不适合学校长期发展。在校工作时间为6~10年的教师的平均值仅为2.394，11年以上的教师平均值为2.718，均低于在校工作年限在5年以下的教师。这也说明该校技能薪酬体系结构不

合理会影响教师的工作积极性以及工作态度，导致教师的离职率升高。

(二) 薪酬体系激励效果不凸显

根据数据分析结果可知，教师认同度分值均低于3，表明KH高级技工学校技能薪酬体系不能有效激励自我。方差分析结果显示，随年龄增长教师的认同度降低。31~40岁教师均值为2.588，41~50岁教师均值为2.417，51岁以上均值为2.167，越年长越存在差异。这表明学校现行技能薪酬体系不利于教师发展。这也反映出KH高级技工学校技能薪酬体系对技能型教师的激励效果不凸显，有待提高。

(三) 薪酬体系中内部公平性较低

问卷调查结果显示，内部公平性中呈现出性别的差异化，越年长教师技能薪酬体系认同度越低，31~40岁教师均值为2.588，41~50岁教师均值为2.389，51岁以上则只有2.167。此外，30岁以下与31~50岁之间的教师也呈现出差异化，而教师工作年限大多为6~10年。这表明KH高级技工学校的教师不认同目前所实施的薪酬体系公平性。可能是这类教师长期努力得不到公平回报，薪酬与付出不匹配，使教师工作心态产生变化，长期则会影响其工作积极性与工作效率。

(四) 薪酬体系对外竞争性弱，难以吸引外部优秀人才

问卷还从教师的角度反映了KH高级技工学校实施的技能薪酬体系外部竞争性情况。通过描述性及方差分析可以看出，该校技能薪酬体系外部竞争性弱，教师对学校技能薪酬体系认同度不高，分值仅为2.685。并且在性别、教龄中存在差异化，尤其体现在教龄中，其原因可能是这类教师多为中年教师，经济压力大于年轻教师。而学校的薪酬体系并不能满足这类教师，自然对于外部的这类教师人才也难以吸引。

第三节 KH高级技工学校技能薪酬体系再设计

一、技能薪酬体系设计原则

(一) 公平与竞争原则

技能薪酬体系再设计，要考虑公平性与竞争性。在组织内部，要考虑自己获得的报酬与所付出的努力是否成正比。在外部，则应考虑与同类岗位相比，学校的技能薪酬体系是否具备竞争优势，若没有优势，则会导致

学校吸引人才难，师资外流等情况发生。

（二）激励原则

在众多的激励手段中，薪酬是最高效、快捷的一种。要想实现对教师的激励，就必须采用富有魅力、行之有效的方法，将老师个人能力和对学校做出的贡献作为依据，让老师工资完全由自己的能力和绩效来确定，这样才能最大限度地激发老师的工作热情。

（三）经济原则

由于 KH 高级技工学校并非由某一个公司创办，本身的资金来源有限，因此不盲目给予教师过高的薪酬回报，合理的控制成本，才有利学校长期发展。

二、技能体系构建

（一）成立工作小组

KH 高级技工学校技能薪酬计划工作小组分为指导委员会与设计小组。指导委员会由学校校长、人事领导、财务领导等 7 人构成。设计组则包括人事部、财务部及各系老师等 7 人。

（二）工作分析与评价

1. 工作分析

教师的专业技术岗位，通过参考国家相关标准进行分析，主要从教师的教学任务、科研任务以及社会任务三个方面进行分析，具体情况如表 6.13 所示。

表 6.13　KH 高级技工学校工作任务分析

序号	一级指标	二级指标
1	教学任务	专业课程讲授
		教学竞赛
		听课、评课
		教学设计、教学情况
		学生技能竞赛指导
		专业公开、示范课
		学生教学检测考试

表6.13(续)

序号	一级指标	二级指标
2	科研任务	学术论文、期刊发表
		专利发明情况
		教学改革、专业建设实践
		教学教材编著
		教研活动
3	社会任务	对外学术交流活动
		市场调研、考察
		社会专业技能竞赛
		青年教师指导

2. 工作任务评价

在KH高级技工学校内部成立工作评价小组，其中包括1名校长、2名人事处领导、4名教师代表。对教师的工作任务细分项的困难程度进行排序。具体情况如表6.14所示。

表6.14 KH高级技工学校工作任务评价

序号	一级指标	二级指标	排序
1	教学任务	专业课程讲授	1
		教学竞赛	4
		听课、评课	2
		教学设计、教学情况	3
		学生技能竞赛指导	6
		专业公开、示范课	5
		学生教学检测考试	0
2	科研任务	学术论文、期刊发表	2
		专利发明情况	6
		教学改革、专业建设实践	5
		教学教材编著	4
		教研活动	3

表6.14(续)

序号	一级指标	二级指标	排序
3	社会任务	对外学术交流活动	2
		市场调研、考察	3
		社会专业技能竞赛	4
		青年教师指导	5

注：排序中数值表示难度如何。

数值0表示简单任务（普通人在简单的指导下都可完成）

数值1表示一般难度（具有基本的专业知识技能才能完成）

数值2表示有一定难度（具有基本的专业知识技能且有一些经验才能完成）

数值3表示困难（拥有一定深度的专业知识技能且一定的经验才能完成）

数值4表示很困难（需要具有较深的专业知识技能和较为丰富的经验才能完成）

数值5表示非常困难（需要具有很深厚的专业知识和高级技能且经验丰富才能完成）

数值6表示极其困难（需要具有非常深厚的专业知识技能且经验非常丰富才能完成）

(三) 教师技能等级确定与定价

1. 技能等级界定

根据KH高级技工学校教师工作任务评价，参考国家标准，结合学校情况进行界定。

员级教师技能鉴定：员级教师类似于见习教师，在技能等级中相当于初级教师三级，其界定标准如表6.15所示。

表6.15 KH高级技工学校教师等级界定——员级（三级）

等级	界定标准
员级	1. 具有相应的教师资格证
	2. 从事本专业技术工作1年及以上或拥有本科及以上学历
	3. 教案设计基本符合条件，能基本胜任教学岗位，教学检验效果合格
	4. 具有本专业必备的知识和技能，具备基本的动手实践能力

初级（二级）教师技能界定：必须满足以下5项条件（见表6.16）。

表 6.16　KH 高级技工学校教师等级界定——初级（二级）

等级	界定标准
初级（二级）	1. 具有相应的教师资格证
	2. 教案设计规范，能基本胜任教学岗位，教学检验效果较好
	3. 大学本科及以上学历，见习期满 1 年并考核合格，或者具有 3 年以上企业工作经历并具有高职以上学历，见习 1 年期满并考核合格
	4. 具有独立指导学生校内技能竞赛能力
	5. 获得校级荣誉称号或者带领班级获得校级集体荣誉至少 1 次

初级（一级）教师技能界定：符合初级（二级）界定标准 1~3 项的同时，再满足以下几项条件（见表 6.17）。

表 6.17　KH 高级技工学校教师等级界定——初级（一级）

等级	界定标准
初级（一级）	1. 符合初级（二级）界定标准 1~3 项
	2. 独撰或者以第一作者发表一般论文或期刊 1 篇
	3. 参任职目前职称以来，至少有 1 项校级成果
	4. 社会技能竞赛个人获奖 1~2 次
	5. 校级竞赛指导获得一等奖 1 次及以上（包括团体奖）

中级（三级）教师技能界定：满足如表 6.18 所示的第 1~6 项。其余项至少符合两项。

表 6.18　KH 高级技工学校教师等级界定——中级（三级）

等级	界定标准
中级（三级）	1. 具有相应的教师资格证书
	2. 指导学生在县中等职业学校有关技能竞赛获奖至少 1 次，校级竞赛获得一等奖至少 1 次（包括团体奖）
	3. 教案设计规范，具有自身教学方式融合应用能力
	4. 以第一作者身份在市级或以上公开发行刊物上发表专业相关论文或期刊一篇

表6.18(续)

等级	界定标准
中级（三级）	5. 获得市级以上社会技能竞赛个人奖3次及以上
	6. 任职目前职称以来，至少有2项校级成果
	7. 作为负责人完成至少2份有关市场调查报告、研究报告或者咨询报告并起到积极作用
	8. 主要参与完成县级教研课题或主持完成学校研究课题1项
	9. 参与学校专业建设、教学改革等项目1项以上
	10. 学校教学评估（考核）结果为优秀2次以上
	11. 校级以上的专业公开课、示范课等课程竞赛获奖至少1次

中级（二级）教师技能界定：符合中级（三级）界定标准的1~4项，5~11项中至少三项，并至少满足如表6.19所示的2~8项中的任意两项。

表6.19 KH高级技工学校教师等级界定——中级（二级）

等级	界定标准
中级（二级）	1. 符合中级（三级）界定标准1~4项，5~11项中至少三项
	2. 校级以上的专业公开课、示范课等课程竞赛获奖至少2次
	3. 参与编写专业相关的出版教材至少1次
	4. 市级学生技能竞赛指导至少2次，并获奖（包括团体奖）
	5. 获得学校专业带头人、优秀（骨干）教师、技能能手等称号
	6. 任目前职称以来，至少有2项校级成果，1项县级或者区级成果
	7. 作为负责人完成至少有1份有关市场调查报告、研究报告或者咨询报告并被企业采纳
	8. 社会技能竞赛个人获奖5次及以上（市级以上）

中级（一级）教师技能界定：满足中级（二级）界定标准第1项，2~8项中至少一项，再满足如表6.20所示的2~8项中至少两项。

表6.20 KH高级技工学校教师等级界定——中级（一级）

等级	界定标准
中级（一级）	1. 符合中级二级第1项，2~8项中至少一项
	2. 市级学生技能竞赛指导至少2次，并获一等奖至少1次（包括团体奖）
	3. 获得市级"技能大师工作室""名师工作室"主持人等各项荣誉称号
	4. 以第一作者身份发表省级高质量论文、期刊撰写1次
	5. 任目前职称以来，至少有2项校级成果，2项县级或者区级成果
	6. 作为负责人完成至少有2份有关市场调查报告、研究报告或者咨询报告并被企业采纳应用
	7. 获得省级及以上社会技能竞赛个人奖3次及以上（省级及以上）
	8. 获得省级"技能能手"称号

副高级（三级）教师技能界定：满足如表6.21所示的1~9项，另外，在11~17项中至少有两项符合条件。

表6.21 KH高级技工学校教师等级界定——副高级（三级）

等级	界定标准
副高级（三级）	1. 教案设计科学，具有信息技术与学科（专业）教学融合应用能力，受到学生欢迎
	2. 学校教学评估（考核）结果为优秀3次以上
	3. 在专业教学、教研工作中，在县级起领导作用
	4. 第一作者身份在国家级公开刊物中发表论文、期刊至少2次
	5. 指导培养青年教师，且效果突出
	6. 作为负责人完成县级教研课题或主持完成学校研究课题至少2项
	7. 市级以上的专业公开课、示范课等课程竞赛获奖至少1次
	8. 省级及以上学生技能竞赛指导至少2次，市级技能竞赛前3名1次（包括团体奖）
	9. 任现职以来，至少有2项市级业绩成果

表6.21(续)

等级	界定标准
副高级（三级）	10. 承担县级以上公开课、研究课、网络直（录）播课、示范课或专题讲座2次以上
	11. 作为负责人完成至少有1份有关市场调查报告、研究报告或者咨询报告并被县级政府采纳应用
	12. 教师本人获得全国技工院校技能大赛一等奖或全省职工技能大赛一等奖2项
	13. 教材编著中，主持或者参与编写的教材或者参考书，获得国家教材审查委员会审核通过，并推行使用
	14. 教师参与指导选手获得省级技能大赛金、银、铜牌1项
	15. 获得省级或国家级"技能能手"称号
	16. 获得1项以上国家发明专利
	17. 获得其他具有省级以上奖励、成果

副高级（二级）教师技能界定：满足副高（三级）界定标准1~8项，9~17项中至少两项，同时至少满足表6.22中2~8项中的两项。

表6.22 KH高级技工学校教师等级界定——副高级（二级）

等级	界定标准
副高级（二级）	1. 符合副高（三级）界定标准1~8项，9~17项中的两项
	2. 省级及以上学生技能竞赛指导至少3次，市级技能竞赛获奖至少2次
	3. 教师本人获得教师类或社会性的全国技能大赛一等奖或者省级一等奖3项
	4. 教材编著中，主持或者参与编写的教材或者参考书，获得国家教材审查委员会审核通过，并推行使用
	5. 教师参与指导选手获得省级及以上技能大赛金、银、铜牌3项
	6. 获得省级或国家级"技能能手"称号
	7. 获得1项以上国家发明专利，并获得授权
	8. 获得其他具有省级以上奖励、成果

副高级一级：满足副高（二级）界定标准第 1 项，以及在 2~8 项中至少有两项符合条件，并至少满足如表 6.23 所示的 2~8 项中的两项。

表 6.23　KH 高级技工学校教师等级界定——副高级（一级）

等级	界定标准
副高级（一级）	1. 符合副高（二级）界定标准第 1 项以及 2~8 项中的至少两项
	2. 以第一作者身份在国家级公开核心刊物发表论文或者期刊至少 2 次
	3. 省级及以上学生技能竞赛指导至少 2 次，市级技能竞赛前 3 名 2 次（包括团体奖）
	4. 教师主要指导选手获得省级及以上技能大赛金、银、铜牌 4 项
	5. 教师本人获得教师类或者社会性全国性技能大赛一等奖 2 项
	6. 获得 2 项以上国家发明专利，其中 1 项获得授权
	7. 获得国家级"技能能手"称号
	8. 获得其他具有省级以上奖励、成果

高级（四级）教师技能界定：必须满足如表 6.24 所示的 1~12 项，其余项至少满足三项。

表 6.24　KH 高级技工学校教师等级界定——高级（四级）

等级	界定标准
高级（四级）	1. 主持过市级及以上有关教育、教学的研究，并起到带头作用
	2. 学校教学评估（考核）结果为优秀 5 次及以上
	3. 教案设计科学，具有代表性，具有信息技术与学科（专业）教学融合应用能力，受到学生欢迎，且获得同地区同行业认同
	4. 指导培养青年教师，且效果具有领头作用
	5. 承担市级以上公开课、研究课、网络直（录）播课、示范课或专题讲座至少 3 次并获奖
	6. 主持制定的有关学校专业人才培养、产教融合等方案以及社会调查报告等编制完成至少 2 项，并取得阶段性成果

表6.24(续)

等级	界定标准
高级（四级）	7. 以第一作者身份在国家核心公开刊物发表论文、期刊至少4篇
	8. 任现职以来，至少具有1项市级、2项省级成果
	9. 国家级及以上学生技能竞赛指导至少2次，省级技能竞赛指导并获奖1次
	10. 作为负责人完成至少2份有关市场调查报告、研究报告或者咨询报告并被市级政府或企业采纳应用
	11. 获得省级中职教育教学成果二等奖以上或者市级一等奖
	12. 教师本人全国技工院校技能大赛获奖3项
	13. 教材编著中，主持或者参与编写的教材或者参考书，获得国家教材审查委员会审核通过，并在全国进行推行使用
	14. 教师本人或者参与指导选手获得国家技能大赛金、银、铜牌3项
	15. 获得2项以上国家发明专利，其中1项获得授权且在实践中取得重大实践成果
	16. 获得国家级及以上"技能能手"称号
	17. 获得其他具有国家级及以上奖励、成果

高级（三级）教师界定标准：满足高级（四级）界定标准第1~9项，第10~17项中的三项，并至少满足如表6.25所示的2~8项中的四项条件。

表6.25 KH高级技工学校教师等级界定——高级（三级）

等级	界定标准
高级（三级）	1. 满足高级（四级）界定标准中第1~9项，10~17项中三项
	2. 任目前职称以来，至少有2项省级成果，1项国家级成果
	3. 教师本人参与教师类或社会性全国技能大赛获奖3项
	4. 教师本人或者参与指导选手取得国家专业技能大赛金、银或者铜牌共4项

表6.25(续)

等级	界定标准
高级（三级）	5. 获得2项以上专业国家发明专利，并获得授权且在实践中取得很好的收获
	6. 教材编著中，作为主编编写的教材或者参考书，获得国家教材审查委员会审核通过，并在全国进行推行使用
	7. 获得国家级及以上"技能能手"或者其他称号
	8. 获得其他具有国家级及以上奖励、成果

高级（二级）教师技能界定：满足高级（三级）界定标准的第1项，以及第2~8项中两项，同时，至少符合如表6.26所示的第2~8项中的三项。

表6.26 KH高级技工学校教师等级界定——高级（二级）

等级	界定标准
高级（二级）	1. 满足高级（三级）界定标准的第1项，第2~8项中两项
	2. 任现职以来，至少具有3项省级成果，2项国家级成果
	3. 教师本人获得全国技工院校技能大赛一等奖4项及以上
	4. 教师本人或者作为主要指导人指导选手获得国家技能大赛金、银、铜牌4项以上
	5. 获得2项以上国家发明专利，并获得授权且取得重大实践成果，给行业带来较好成果
	6. 教材编著中，作为主编或主持编写的教材或者参考书，获得国家教材审查委员会审核通过，并在全国进行推行使用
	7. 获得国家级及以上"技能能手"或者其他称号至少3项
	8. 获得其他具有国家级及以上奖励、成果

高级（一级）教师技能界定：满足高级（二级）的基本标准项，如表6.27所示第2~8项至少两项符合。

表 6.27　KH 高级技工学校教师等级界定—高级（一级）

等级	界定标准
高级 （一级）	1. 满足高级（二级）界定标准
	2. 在教学改革以及对应专业的建设实践中具有省级带头作用。任目前职称以来，至少有 4 项国家级成果
	3. 教师本人参与教师类或社会性全国技能大赛获奖 7 项以上
	4. 教师参与指导选手取得国家专业技能大赛金、银或者铜牌共 5 项及以上
	5. 获得 3 项以上与专业有关的国家发明专利，并均获得授权，给行业带来较好的经济效益
	6. 教材编著中，作为主编编写的教材或者参考书至少 3 本，获得国家教材审查委员会审核通过，并在全国进行推行使用
	7. 获得国家级以上"技能能手"或其他荣誉称号至少 2 项。
	8. 获得其他重点项目国家级及以上奖励、成果

2. 技能等级定价

根据调查，当地城镇全部单位就业人员平均工资为 91 857 元/年，人均地区生产总值为 94 622 元/年。因此将调查结果与学校实际情况结合，对教师技能等级薪酬重新定价，如表 6.28 所示。

表 6.28　KH 高级学校教师职称等级工资划分表

职称	级别	薪资/元
高级	1	8 300
	2	7 800
	3	7 300
	4	6 800
副高	1	5 800
	2	5 400
	3	5 000
中级	1	4 200
	2	3 800
	3	3 400

表6.28(续)

职称	级别	薪资/元
初级	1	2 900
	2	2 700
员级	3	2 500

(四)技能培训与认证

1. 技能培训

培训主要是通过到企业顶岗学习、专家到校指导、学校师徒制等方式,如表6.29所示。

表6.29　KH高级学校教师技能培训方式

技能等级	培训方法			培训时间	
	顶岗锻炼	专家辅导	师徒制	短期培训	长期培训
高级	P	P		一周至一个月不等	脱产培训
副高级	P	P			
中级	P	P	P		
初级	P	P	P		

注:P表示需要选择的培训方法

2. 技能认证

技能认证的内容包括认证者的技能水平和认证者以何种方法展现自身所具备技能水平。本认证参照国家事业单位技能认证标准及学校具体情况来对KH高级技工学校的教师进行技能认证,如表6.30所示。

表6.30　KH高级学校教师技能等级认证方式

认证层次	内部认证			外部认证	
	教学工作	专业实践	业绩成果	技能证书(国家规定)	商业学院课程认证
高级	★	★	★	★	★
副高级	★	★	★	★	★
中级	★	★	★	★	
初级	★	★		★	

注:★表示需要进行的认证。

三、技能薪酬体系再设计

根据 KH 高级技工学校自身经营情况，在原技能薪酬体系基础上进行优化（见表 6.31）。

表 6.31　薪酬结构优化后构成表

薪酬构成	具体内容	比例
固定工资	薪级工资、基础性工资、校龄工资	60%
绩效	基本课时、超课时、出勤考核、年度考核	40%
	奖金根据获奖级别评定	
津贴	职务津贴、学历补贴、双师型教师补贴	固定等级标准
福利	法定福利、非法定福利	固定标准

（一）固定工资

将固定工资划分为薪级工资与基础性工资（包含校龄工资）。基础性工资是国家规定的基本工资的 40% 加上校龄工资。等级薪资是参照国家标准，分为 13 个等级（见表 6.32）。

表 6.32　等级薪资标准

职称	级别	薪资/元/月
高级	1	7 520
	2	7 020
	3	6 520
	4	6 020
副高	1	5 020
	2	4 620
	3	4 220
中级	1	3 420
	2	3 020
	3	2 620

表6.32(续)

职称	级别	薪资/元/月
初级	1	2 120
	2	1 920
员级	3	1 720

(二)绩效工资

绩效工资包括正常课时绩效、超课时以及其他绩效工资三个部分构成(见表6.33)。

表6.33 正常课时工资标准

职称级别	课时工资(元/月)
高级	2 500
副高	2 200
中级	1 900
初级	1 600
员级	1 400

1. 超课时工资:如表6.34所示,不同级别对应不同的超课时标准。员级教师按照标准原则上无超课时,因此无本部分工资。

表6.34 超课时标准

职称级别	超课时工资(元/课时)
高级	60
副高	50
中级	40
初级	35

2. 其他绩效工资:根据学校经营和教师综合考核发放。
3. 绩效奖金:依据教师成果进行奖励(见表6.35)。

表 6.35　绩效奖金

项目	金额
科研项目奖	市级 3 000 元，省级 8 000 元，国家级 15 000 元，国际级 30 000 元
专业成果奖金	
教学成果奖	
专业竞赛奖（包括教师本人参赛、教师指导学生参加相关技能竞赛）	国家一等奖 30 000 元，国家二等奖 20 000 元，国家三等奖 15 000 元 省一等奖 8 000 元，省二等奖 5 000 元，省三等奖 3 000 元 市一等奖 2 000 元，市二等奖 1 500 元，市三等奖 1 000 元

（三）津贴

如表 6.36 所示，为进一步留住学校内部人才，吸引学校外部人才，对教师津贴制定也更加明确。

表 6.36　津贴构成

类别		金额
学历补贴	研究生补贴	全日制 550 元/月，非全日制 450 元/月
	博士生补贴	全日制 700 元/月，非全日制 600 元/月
双师型教师补贴		300 元/月
双学位补贴		300 元/月
职务补贴		300 元/月

（四）福利

福利主要分为法定福利与非法定福利，本书主要是对非法定福利进行优化（见表 6.37）。

表 6.37　福利待遇构成

类别	具体内容
法定福利	失业保险、医疗保险、养老保险、工伤保险、生育保险
非法定福利	住房公积金、节假日福利：带薪休假、节日礼品 教师职业发展相关福利：脱产培训、短期带薪培训等。

表6.37(续)

类别	具体内容
非法定福利	结婚、生子福利（工作三年以上）：600元小家电、600元礼金（二选一）
	生日福利：指定款生日蛋糕一份、指定款鲜花一束（二选一）
	其他福利：每年一次免费体检、车费补贴（300元/月）、优惠工作餐等

四、技能薪酬体系设计前后对比

根据对KH高级技工学校的技能薪酬体系调查，分析出该学校技能薪酬体系结构不合理、内部公平性低、激励效果不明显、外部竞争性弱等问题。将以上问题与本章第一节中所述的技能薪酬体系理论相结合，对KH高级技工学校技能薪酬体系进行了再设计，通过比较得出再设计后的技能薪酬体系更加科学合理。

第四节 KH高级技工学校技能薪酬体系保障措施

一、做好宣传工作

以校长为组长，成立督导小组，做好一切相关工作。并且，在新的技能薪酬方案实施前，学校要对实施该类体系的教师进行本方案薪酬改革的思路、实施过程有效宣传，确保教师全面了解新的技能薪酬体系，这样才能引导教师朝着学校预期的目标前进。

二、学校制度保障

KH高级技工学校在进行技能薪酬体系优化再设计的改革、实施时，必须要得到学校投资企业以及学校的管理者的支持。要依法建立符合KH高级技工学校自身情况的保障体系，学校领导、管理者要加强与政府的协调沟通，为学校争取到更多有利资源，为学校提供更多保障。

三、资金保障

由于 KH 高级技工学校资金来源有限。想要学校进行可持续的发展，应该根据市场不断调整技能薪酬体系。学校管理部门应该积极核算、有效控制资金投入方向，对人力资源成本进行正确的预算、纠正与取舍，争取以最小成本获得最佳效果，促成学校利益与教师利益动态结合，实现可持续的发展。

四、沟通机制保障

在实行过程中，要积极沟通，注重聆听实施对象教师的意见和建议，定期、定时对教师反馈的问题进行收集，针对问题、意见进行讨论沟通，形成与教师更匹配的技能薪酬体系。在实施过程中要充分保障教师的申诉渠道畅通，有效解决教师反馈的问题，确保技能薪酬体系的结果公平、公正且合理。

第七章 QS医院技能薪酬体系设计实践

第一节 QS医院基本概述

一、医院简介

重庆骑士医院（为便于阅读，以下简称QS医院）创建于1988年7月，占地面积20多亩，业务用房约5万平方米，床位共计316张。如今，QS医院已成为一家非营利性中西医结合医院，融合了现代医学和传统医学的优势。这家医院部门齐全，设有17个一级临床科室、12个二级临床科室、63个特色专病研究领域，以及9个医技科室，另外还拥有46台高端医疗设备和129台中医诊疗设备。

二、组织结构

QS医院实行的是院党委统一领导下的院长负责制。院党委会由1名院长、1名分管业务副院长、1名行政后勤副院长组成，共计3人。院长主要负责医院内部各项事务的管理，业务副院长主要负责医技和护理等专业事宜的管理，行政副院长主要分管财务、人事等行政事务，院内一些重大的决策均由院党委会决定。QS医院组织结构如图7.1所示。

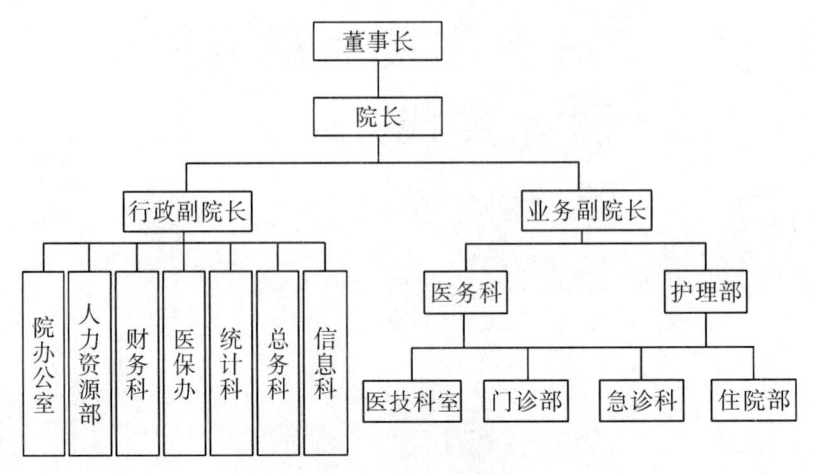

图7.1 QS医院组织结构

三、人员结构

本书主要围绕医院业务板块的卫生技术人员展开研究。医院现有职工人数521人，其中卫生技术人员413人，具有中高级职称的有54人，包括执业（助理）医师、护士、药师、技师等；其他108人为管理人员、工勤人员等。

（一）年龄结构

从表7.1所示的年龄结构来看，QS医院的主要力量集中在26~45岁，占70.70%，这说明了QS医院员工普遍比较年轻，接受新鲜事物的能力较强，更有创造力、想象力和活力。44~45岁有30人，55岁以上有18人，调查发现，这两个年龄阶段的部分员工有着非常丰富的公立三甲医院的实际工作经验，甚至有些员工属于退休返聘人员，这类人群往往对医院的归属感不强，因为年龄的因素其对新事物的接纳程度也不高。

表7.1 QS医院年龄分布情况表

年龄阶段	人数	所占比例
25岁以下	73	17.68%
26~35岁	165	39.95%
36~45岁	127	30.75%
44~55岁	30	7.26%

表7.1(续)

年龄阶段	人数	所占比例
55岁以上	18	4.36%
合计	413	100%

(二) 学历结构

从表7.2可知，医院员工整体受教育程度良好，但在学历结构方面，高学历员工占比较低，大部分员工学历为本科，大专和中专学历相对本科较少。QS医院作为一家二级甲等医院，现阶段的招聘要求也正不断提高。

表7.2　QS医院人员学历情况表

学历情况	人数	所占比例
博士	4	0.96%
硕士	45	10.90%
本科	231	55.93%
大专、中专	133	32.21%
合计	413	100%

(三) 职称结构

从表7.3可知，在职称结构方面，QS医院众多医务人员中具有初级职称的人员占比83.05%，而从中级到正高级职称的人员占比逐渐减少，由此可见职称晋升相当有难度。

表7.3　QS医院医务人员职称分布表

职称等级	人数	所占比例
正高	4	0.97%
副高	18	4.36%
中级	32	7.75%
初级	343	83.05%
无级别	16	3.87%
合计	413	100%

第二节　QS医院技能薪酬体系现状及问题分析

一、QS医院薪酬体系现状分析

（一）薪酬构成

QS医院现行的薪酬主要是由基本工资、绩效工资、津贴补助和福利构成。

1. 基本工资

QS医院基本工资如表7.4所示，主要根据不同类别的职位职称来评定。

表7.4　QS医院现行基本工资对照表

分类	职称	薪酬
医疗	主任医师	年薪7万元
	副主任医师	年薪6万元
	主治医师	年薪5万元
	住院医师	3 000元/月
	助理医师	2 400元/月
医技	主任技师	年薪5.4万元
	副主任技师	年薪4.4万元
	主管技师	年薪3.4万元
	技师	2 400元/月
	技士	2 000元/月
医药	主任药师	年薪5.4万元
	副主任药师	年薪4.4万元
	主管药师	年薪3.4万元
	药师	2 400元/月
	药士	2 300元/月

表7.4(续)

分类	职称	薪酬
护理	主任护师	年薪5.5万元
	副主任护师	年薪4.5万元
	主管护师	年薪3.5万元
	护师	2 400元/月
	护士	2 300元/月

2. 绩效工资

绩效工资属于变动工资，主要体现了医务人员的工作完成数量及质量。绩效工资主要根据医院的医疗收入情况来核算，月度绩效工资=（科室业务收入−成本支出）×系数。各员工根据各自科室的不同效益及不同工作贡献程度来确定绩效工资。

3. 津贴补贴及福利

主要包括夜班补贴和五险一金，这是对工资的一种扶持措施。

(二) 同行业对比

当地公立医院员工工资是根据职称岗位工资和薪级工资组成。从表7.4和表7.5比较来看，QS医院体现技能薪酬的形式过于单一和死板，而公立医院的薪酬更加立体多元化。

表7.5 当地公立医院工资标准

岗位工资		薪级工资									
岗位	工资标准 元/月	薪级	工资标准 元/月	薪级	工资标准 元/月	薪级	工资标准 元/月	薪级	工资标准 元/月	薪级	工资标准 元/月
一级	6 010	1	260	14	746	27	1 700	40	3 049	53	4 812
二级	4 650	2	286	15	800	28	1 790	41	3 168	54	4 969
三级	4 110	3	312	16	860	29	1 880	42	3 287	55	5 142
四级	3 530	4	338	17	920	30	1 979	43	3 406	56	5 315
五级	3 070	5	360	18	986	31	2 078	44	3 535	57	5 498
六级	2 710	6	400	19	1 052	32	2 177	45	3 664	58	5 681
七级	2 500	7	436	20	1 126	33	2 276	46	3 793	59	5 874

表7.5(续)

岗位工资		薪级工资									
岗位	工资标准元/月	薪级	工资标准元/月	薪级	工资标准元/月	薪级	工资标准元/月	薪级	工资标准元/月	薪级	工资标准元/月
八级	2 200	8	472	21	1 200	34	2 385	47	3 934	60	6 067
九级	1 960	9	513	22	1 274	35	2 494	48	4 075	61	6 276
十级	1 810	10	554	23	1 356	36	2 603	49	4 216	62	6 485
十一级	1 640	11	600	24	1 438	37	2 712	50	4 357	63	6 714
十二级	1 620	12	646	25	1 520	38	2 821	51	4 498	64	6 943
十三级	1 510	13	692	26	1 610	39	2 930	52	4 655	65	7 204

二、QS医院技能薪酬体系存在的问题分析

（一）技能薪酬体系满意度调查

1. 调查目的及对象

本次调查的目的是为了更好地了解QS医院在职员工对当前薪酬体系的看法。本次调查随机抽样QS医院178名医护工作人员作为调查对象。

2. 调查问卷的设计及实施

为客观真实地了解医院在职员工的看法，本次调查将在问卷设计中围绕本书研究的内容和重点展开设计。

本次调查采用网络问卷的方式，向178名医护人员随机发放问卷，共回收136份，其中有效问卷123份，有效回收率为69.1%。

3. 调查结果信度和效度分析

（1）信度分析

采用Cronbach's Alpha法进行了信度检验，结果如表7.6所示，Cronbach α系数为0.961，大于0.8，可见量表具有较高的信度，由此可知，该问卷中的量表的信度很高，满足研究要求。

表7.6 量表信度分析结果

Cronbach Alpha 系数	项目个数
0.961	10

(2) 效度分析

根据 KMO 和 Bartllet's 结果判断，由表 7.7 可知，量表 KMO 为 0.961，且量表 Bartllet 球度检验 P 值都显著，可见量表符合因子分析要求。

表 7.7 量表效度分析结果

KMO 检验	Bartllet 检验 df	Sig.
0.961	45	0.00

(二) QS 医院技能薪酬体系存在的问题

1. 员工薪酬缺乏外部竞争性

调查问卷问题"我认为医院现行的薪酬体系优于其他民营医院"和"我认为医院现行的薪酬体系优于其他公立医院"的结果如图 7.2 和图 7.3 所示。有 48.44% 认为医院现行的薪酬体系没有优于其他民营企业，49.22% 认为医院现行的薪酬体系没有优于其他公立企业；有 25% 和 21.88% 的员工在这两个问题上保持中立。由此可见，QS 医院的薪酬设计上既没有吸引力，也不容易留住原有的高层次人才，更不能起到精神激励的作用。

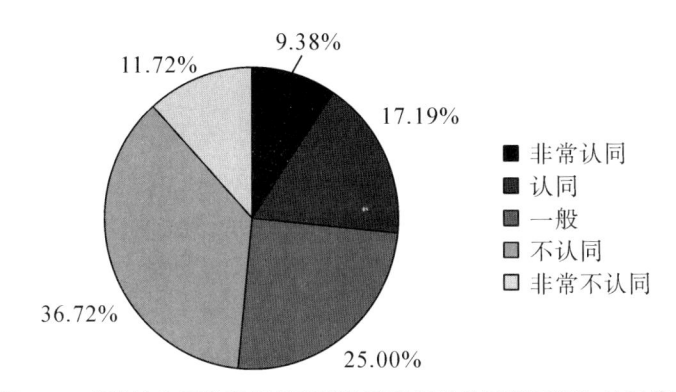

图 7.2 "我认为医院现行的薪酬体系优于其他民营医院"认同情况

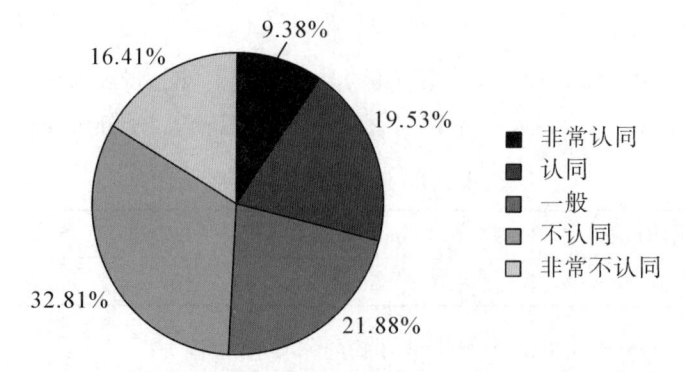

图 7.3 "我认为医院现行的薪酬体系优于其他公立医院"认同情况

2. 技能薪酬体系不完善

根据调查问卷问题"我认为医院现行的薪酬体系考虑得非常全面"的结果可知，有 55.47% 的员工认为医院现行的薪酬体系不完善；15.63% 的员工保持中立，如图 7.4 所示。由此可见，大部分员工对医院现行技能薪酬体系存在不同的看法。

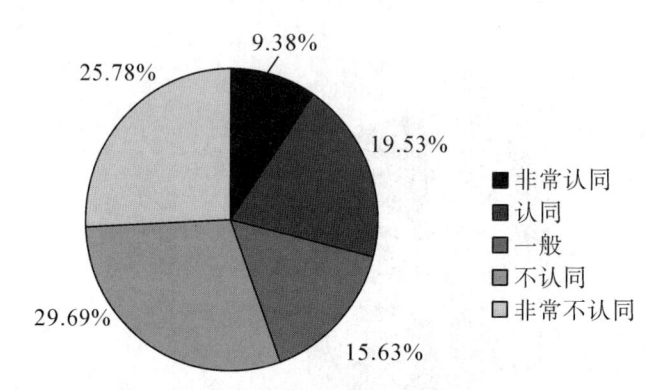

图 7.4 "我认为公司现行的薪酬体系考虑得非常全面"认同情况

3. 薪酬与个人能力不匹配

调查问卷问题中"我认为医院的薪酬晋升反映了员工能力"和"我认为医院薪酬体系体现出了个人价值"的结果如图 7.5 和图 7.6 所示，有 52.47% 的员工认为医院的薪酬晋升与自身能力不匹配，有 25% 的员工保持中立态度；同时又有 41.63% 认为医院的薪酬体系没有体现出个人价值，20.25% 的员工保持中立态度。由此可见，员工的晋升制度不够完善，员工无法充分体现个人价值。

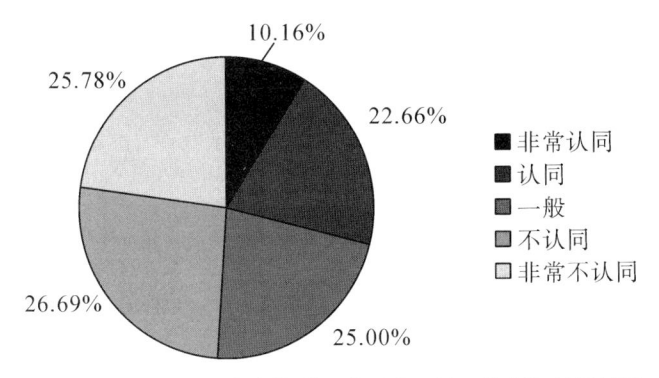

图 7.5 "我认为医院的薪酬晋升反映了员工能力"认同情况

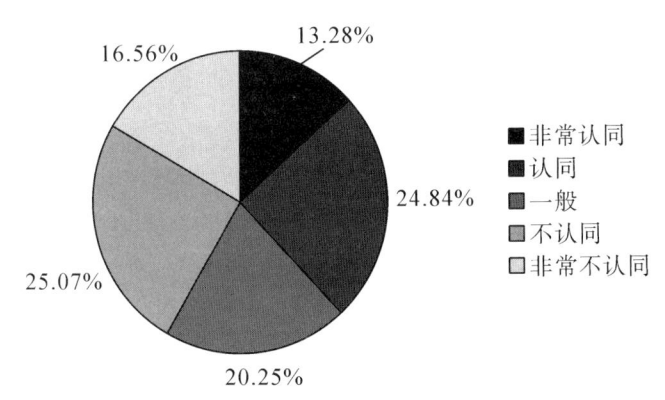

图 7.6 "我认为医院薪酬体系体现出了个人价值"认同情况

第三节 QS 医院技能薪酬体系再设计

一、设计目标

再设计后的技能薪酬体系能够为医院储备人才提供保障,一个科学合理的技能薪酬体系才是吸引、激励、留住人才的最好杠杆。

二、设计原则

(一) 公平性原则

医院的岗位设置较多,即使是同一个岗位但是在不同的科室其工作内容也会不同。薪酬公平性的设置需要拉开不同岗位差距,但是也要尽量减少普通员工的不公平感。

(二) 经济性原则

医院员工的薪酬是医院主要的经济开支，需要依靠医院自己运营创收，做到经济型原则需要在医院自己所能承受的范围内再设计薪酬体系，不能盲目提高员工薪酬水平。

(三) 激励性原则

在注重经济型薪酬的同时也要注重非经济型薪酬的优化，从物质和精神两个层面来激励员工，使激励效果最大化。

三、技能薪酬体系搭建

(一) 成立技能薪酬计划设计小组

QS 医院技能薪酬体系设计的小组成员共有 11 名，由院长、业务副院长、人力资源部门管理人员 2 名、财务部门负责人 1 名、信息管理部门负责人 1 名、不同等级职称的代表 5 名组成。对于上述人员，医院会对他们进行技术评估方法方面的专业训练，使他们能够在重要问题上取得共识，从而避免评估时产生分歧。

(二) 工作任务分析及评价

技能薪酬计划设计小组通过外部出版物和自己的经验对医生、技师、护士的工作任务进行了全面的分析，将其分为基本工作、教学工作、科研工作、管理工作四个维度，再在这些工作任务的基础上评价各项工作任务的困难程度，将难易程度分为 5 个等级，如表 7.7、表 7.8、表 7.9、表 7.10 所示。

表 7.7　工作任务的难易程度评价

等级	难易程度评价
1	简单任务（具备基本知识技能即可完成）
2	一般难度（具备基本知识技能及个人经验即可完成）
3	有一定难度（具备较深的知识技能及个人经验即可完成）
4	很困难（具备深度知识技能及丰富的个人经验方可完成）
5	非常困难（具备高水平知识技能及判断能力和应变能力方可完成）

表 7.8 医生的工作任务

工作任务		难度评价
门诊医疗	询问病史	1
	查体	1
	填写病历	2
	开具化验/检查单	2
	解释化验/检查结果/病因	3
	开具处方	3
	告知用药注意事项	3
医疗教学	教学组织与管理工作	3
	实习学生临床带教	3
	指导进修医生的临床工作	3
	疑难问题的解决	3
	新业务、新技术的临床实践指导	3
	业务的培训与考核	3
医疗科研	科研工作的开展与组织	4
	科研决策	5
医疗管理	质量管理	3
	病房管理	3
	医生队伍建设和人才培养	4
	参与医生工作相关政策制定	5

表 7.9 技师的工作任务

工作任务		难度评价
门诊医技	机器开机、自检	1
	按照医师的要求，进行机器扫描	1
	填写病历	2
	开具化验/检查结果报告	2

表7.9(续)

工作任务		难度评价
医技教学	教学组织与管理工作	3
	实习学生临床带教	3
	指导进修技师的临床工作	3
	疑难问题的解决	3
	新业务、新技术的临床实践指导	3
	业务的培训与考核	3
医技科研	科研工作的开展与组织	4
	科研决策	5
医技管理	质量管理	4
	技师队伍建设和人才培养	4
	参与技师工作相关政策制定	5

表 7.10 护士的工作任务

工作任务		难度评价
临床护理	生活护理	1
	基础护理	1
	一般性专科护理	2
	评估病人健康状况	2
	护理计划的制定、评价、修改	3
	健康教育与指导	3
	心理护理	3
	咨询、访视、沟通、会诊	3
护理教学	教学组织与管理工作	3
	实习学生临床带教	3
	指导进修护士的临床工作	3
	疑难问题的解决	3
	新业务、新技术的临床实践指导	3
	业务的培训与考核	3

表7.10(续)

工作任务		难度评价
护理科研	临床护理科研工作的开展与组织	4
	科研决策	5
护理管理	质量管理	3
	病房管理	3
	病房交叉感染的预防与监控	3
	护理队伍建设和人才培养	4
	参与护理工作相关政策制定	5

(三) 技能等级的确定与定价

1. 技能等级界定

从广度技能的界定方式来看,医院将根据不同卫生技术人员的职称来区分技能等级,分为五个等级,从高到低依次排列,如表7.11、表7.12、表7.13所示。

表7.11 医生的技能等级模块表

技能等级	要求
五级技能:主任医师	年均在省级以上专业学会学术会议上做学术报告或讲座1次以上,或在医院做学术报告或讲座2次以上
	承担和指导中级及以下医师和进修医师的医疗、教学、科研工作
	独立参加省内外医院会诊或院外急诊抢救任务
	作为第一作者或第一通讯作者发表本专业论文4篇以上,其中被SCI收录1篇以上、被Medline收录2篇以上
	主持国家级课题1项及以上
	任职期内无医疗责任、技术事故

表7.11(续)

技能等级	要求
四级技能：副主任医师	年均在省级以上专业学会学术会议上做学术报告或讲座1次以上，或在医院做学术报告或讲座2次以上
	获得院级以上教学奖励1项（含院级）或作为第一作者教学论文1篇
	指导1届以上住院医师培训且成绩合格
	作为第一作者或第一通讯作者发表本专业论文3篇以上，其中被SCI收录1篇以上、被Medline收录1篇以上
	主持国家级课题1项及以上
	任职期内无医疗责任、技术事故
三级技能：主治医师	从事临床一线工作3年以上
	能独立带教实习医师，正确指导进修医师及低年资住院医师
	完成医院规定的医疗、教学工作量，完成为期1年的住院总医师的工作，考核成绩合格
	发表学术论文2篇以上
	任职期内无医疗责任、技术事故
二级技能：住院医师	能独立处理本专业常见病、多发病及一般危、急、重症的诊断及治疗急救
	发表本专业科研论文1篇以上
	任职期内无医疗责任、技术事故
一级技能：助理医师	按规定程序通过评审或考试取得初级专业技术职务任职资格
	掌握本专业常见疾病的诊断及治疗

表 7.12 技师的技能等级模块表

技能等级	要求
五级技能：主任技师	年均在省级以上专业学会学术会议上做学术报告或讲座 1 次以上，或在医院做学术报告或讲座 2 次以上
	承担和指导中级及以下技师和进修技师的医技、教学、科研工作
	在任期内承担院内继教课程至少 2 次，负责承办市级或省级继教项目至少 1 期
	作为第一作者或第一通讯作者发表本专业论文 4 篇以上
	2 年内无医技责任、技术事故
四级技能：副主任技师	年均在省级以上专业学会学术会议上做学术报告或讲座 1 次以上，或在医院做学术报告或讲座 2 次以上
	作为第一作者或第一通讯作者发表本专业论文 3 篇以上
	主持国家级课题 1 项及以上
	2 年内无医技责任、技术事故
	获得院级以上教学奖励 1 项（含院级）或作为第一作者教学论文 1 篇
三级技能：主管技师	能独立带教实习技师，正确指导进修技师
	完成医院规定的医疗、教学工作量，完成为期 1 年的住院总技师的工作，考核成绩合格
	2 年内无医技责任、技术事故
	按规定程序通过评审或考试取得中级专业技术职务任职资格
	任期内发表标有国内统刊号"CN"和国际标准号"ISSN"的本专业的独作或第一作者论文 1 篇
二级技能：技师	2 年内无医技责任、技术事故
	能独立处理本科常见病或解决常用业务技术问题，并能对中、初级人员进行业务指导，

第七章 QS 医院技能薪酬体系设计实践 | 115

表7.12(续)

技能等级	要求
一级技能：技士	按规定程序通过评审或考试取得初级专业技术职务任职资格
	了解本专业基本理论，并有一定的实际技术操作能力
	能担任本科一般常见病防治或一般常用业务技术工作

表 7.13　护士的技能等级模块表

技能等级	要求
五级技能：主任护士	副高期间进修满 3 个月，并提供证明材料
	2 年内无严重护理差错
	在任期内承担院内继教课程至少 2 次，负责承办市级或省级继教项目至少 1 期，在护理专业期刊发表 CN 论文至少 2 篇
四级技能：副主任护士	中级期间进修满 1 年结业证书
	2 年内无严重护理差错
	参加医院护理部举办的各种考试合格率达 80%以上
	在任期内承担院内课程至少 2 次，在护理专业期刊发表 CN 论文至少 1 篇
三级技能：主管护士	按规定程序通过评审或考试取得中级专业技术职务任职资格
	任期内发表标有国内统刊号"CN"和国际标准号"ISSN"的本专业的独作或第一作者论文一篇
	承担住培带教任务满 1 年
	承担科室责任组长或科室带教工作至少满 1 年
	2 年内无严重护理差错
	参加医院护理部举办的各种考试合格率达 80%以上
	完成医务部门安排的支援任务，到农村或城市社区服务满一年

表7.13(续)

技能等级	要求
二级技能：护师	2年内无严重护理差错
	参加医院护理部举办的各种考试合格率达80%以上
一级技能：护士	按规定程序通过评审或考试取得初级专业技术职务任职资格
	能独立完成病人的护理工作，科室评价良好

从深度技能的界定方式来看，参考国家对医疗卫生行业薪酬的等级标准，将其分为十三级，以医院医生技能等级为例，如表7.14所示，医院的医护人员岗位技能等级主要依据工龄和职业资格来确定。

表7.14　职称等级模块

职称		等级水平	要求
高级	特级主任医师	一级	本科满五年、博硕满三年工龄且考核通过
	一级主任医师	二级	本科满五年、博硕满三年工龄且考核通过
	二级主任医师	三级	本科满五年、博硕满三年工龄且考核通过
	三级主任医师	四级	主任医师职称
副高级	一级副主任医师	五级	本科满五年、博硕满三年工龄且考核通过
	二级副主任医师	六级	本科满五年、博硕满三年工龄且考核通过
	三级副主任医师	七级	副主任医师职称
中级	一级主治医师	八级	满三年工龄，且考核通过
	二级主治医师	九级	满三年工龄，且考核通过
	三级主治医师	十级	主治医师证
初级	一级医师	十一级	满三年工龄，且考核通过
	二级医师	十二级	医师资格证
员级	助理医师	十三级	试用三个月定级

2. 技能定价

QS 医院的基本工资的制定参照了当地一家公立医院的基本薪资现状，如表 7.15 所示，该医院依照国家相关政策标准执行十三级岗位工资的基本薪酬制度。

表 7.15 级别工资

单位：元/月

级别	工资
一级（正高级）	6 100
二级（正高级）	4 740
三级（正高级）	4 200
四级（正高级）	3 620
五级（副高级）	3 160
六级（副高级）	2 800
七级（副高级）	2 590
八级（中级）	2 290
九级（中级）	2 050
十级（中级）	1 900
十一级（初级）	1 730
十二级（初级）	1 710
十三级（员级）	1 600

（四）技能的培训与认证

1. 技能的培训

QS 医院 1~3 级医护人员的工作技能培训主要以内部培训为主，让医院的内部专家和技术骨干人员采用案例演练、模拟示范等多种方式实施培训，同时根据不同技能等级通过轮科学习、下乡学习、带教实践等多种培训方式作为辅助培训；4~5 级的专家骨干主要是以进修学习来不断加深自己专业领域的知识技能，以带教实践的方式来辅助。如表 7.16 所示。

表 7.16 技能培训方式表

技能等级	培训方法				
	医院内部培训	轮科学习	下乡学习	带教实践	进修学习
一级	P	P	P		
二级	P	P	P		
三级	P	P	S	S	S
四级				S	P
五级				S	P

注：P 表示主要培训方式；S 表示辅助培训方式。

2. 技能等级或技能资格的认证

从表 7.17 中可以看出，学历认证和执业证书认证是所有卫生技术人员从医的基本门槛。内部的计算机能力认证和 PEST-5 英语认证是对中高级技术人员的认证方式，而实操测试则是对普通技术人员的检验。

表 7.17 技能资格认证

认证等级	内部认证			外部认证	
	计算机能力认证	PEST-5英语认证	实操测试	学历认证	执业证书认证
五级技能	★	★		★	★
四级技能	★	★		★	★
三级技能	★	★		★	★
二级技能			★	★	★
一级技能			★	★	★

注：★ 表示需要进行的认证。

四、再设计后的薪酬体系构成

为了使 QS 医院的薪酬结构具有内部公平性和外部竞争性，将不同职称、职位、技能的医护人员薪酬区分开来，把 QS 医院的薪酬结构分为基本工资、绩效工资、津贴补助和福利四大部分。

（一）基本工资

1. 岗位工资

岗位工资根据每个员工的工作类别、受教育程度、技术水平、职称评定、个人工作能力来综合评估以确定其工资的具体等级。如表7.18所示。

表7.18 岗位工资表

单位：元/月

岗位等级	工资
一级	6 100
二级	4 740
三级	4 200
四级	3 620
五级	3 160
六级	2 800
七级	2 590
八级	2 290
九级	2 050
十级	1 900
十一级	1 730
十二级	1 710
十三级	1 600

（1）薪级工资

薪级工资由可计算工龄的在校时间和工作时间决定，参照当地公立医院的薪级工资标准设立65级工资标准，如表7.19所示。

表7.19 薪级工资表

薪级	工资标准 元/月	薪级	工资标准 元/月	薪级	工资标准 元/月	薪级	工资标准 元/月	薪级	工资标准 元/月
1	360	14	846	27	1 800	40	3 149	53	4 912
2	386	15	900	28	1 890	41	3 268	54	5 069
3	412	16	960	29	1 980	42	3 387	55	5 242

表7.19(续)

薪级	工资标准 元/月	薪级	工资标准 元/月	薪级	工资标准 元/月	薪级	工资标准 元/月	薪级	工资标准 元/月
4	438	17	1 020	30	2 079	43	3 506	56	5 415
5	460	18	1 086	31	2 178	44	3 635	57	5 598
6	500	19	1 152	32	2 277	45	3 764	58	5 781
7	536	20	1 226	33	2 376	46	3 893	59	5 974
8	572	21	1 300	34	2 485	47	4 034	60	6 167
9	613	22	1 374	35	2 594	48	4 175	61	6 376
10	654	23	1 456	36	2 703	49	4 316	62	6 585
11	700	24	1 538	37	2 812	50	4 457	63	6 814
12	746	25	1 620	38	2 921	51	4 598	64	7 043
13	792	26	1 710	39	3 030	52	4 755	65	7 304

（2）职称工资

医院是知识密集型的单位，各岗位的卫生技术人员都需要具备不同程度的专业知识技术水平，为了鼓励大家积极参与职称晋升，提高自身技能水平的同时也提高医院的竞争力，故设置了职称工资。如表7.20所示。

表7.20 职称工资表

单位：元/月

职称等级	工资标准
正高级（主任医师、主任护师、主任技术、主任药师）	800
副高级（副主任医师、副主任护师、副主任技师、副主任药师）	500
中级（主治医师、主管护师、主管技师、主管药师）	300
初级（住院医师、护师、技师、药师）	100

（3）学历工资

医院对知识技能的掌握很重视，学历工资可以进一步激励员工提升个人学历，更好地推动医院持续健康发展。如表7.21所示。

表 7.21 学历工资表

单位：元/月

学历	工资标准
硕士研究生导师	1 000
博士研究生	1 000
硕士研究生	500
本科	100

（4）工龄工资

为加强职工对医院的归属感，提高职工对医院的忠诚度，医院设立了"工龄工资"，即按职工在医院工作的时间长短来确定的经济性补偿。如表 7.22 所示。

表 7.22 工龄工资表

工龄	标准/元·月$^{-1}$	工龄	标准/元·月$^{-1}$	工龄	标准/元·月$^{-1}$
1 年	50	8 年	300	15 年	500
2 年	100	9 年	330	16 年	520
3 年	150	10 年	360	17 年	540
4 年	180	11 年	390	18 年	560
5 年	210	12 年	420	19 年	580
6 年	240	13 年	450	20 年	600
7 年	270	14 年	480	21 年及以上	620

（二）绩效工资

绩效工资主要是月度绩效工资，QS 医院将采取医院和科室两级分配的模式，医院根据科室收支结余和绩效考核结果把奖金分配到科室，科室内的医生、护理再进行二次分配。医生主要根据收治的病人数量、手术台数来核算；护理主要与职称和职务挂钩。

（三）津贴补助

夜班费 30 元/晚、食堂餐补 10 元/天。

（四）福利

为了进一步提高医院员工的归属感，重新制定了 QS 医院单位员工福利。

1. 法定福利

五险一金。

2. 法定假期

公休假、年休假、法定休假日、病假、婚丧假、产假和配偶生育假等。

3. 个性化福利

生日慰问、节日慰问、年度免费体检、团建活动、提供图书阅览室及健身房等。

五、薪酬体系再设计的前后对比

现行薪酬体系工资＝基本工资+绩效+五险一金

再设计后薪酬体系工资＝岗位工资+学历工资+工龄工资+薪级工资+职称工资+绩效+五险一金+餐补

（一）薪酬体系再设计后呈现的形式更加丰富

再设计后的薪酬体系改变了原来单一的薪酬体系，再设计后的薪酬呈现的形式更加立体化、多元化，这使得员工可以从提升自我学历、评定更高职称、长久地留在本医院增加工龄等方式来实现薪酬的增涨，让员工在医院的薪酬分配中有一定的自主性，一定程度上提高了员工对薪酬体系的满意度。这样既可以从多方面激励员工通过提升自我知识技能水平来提高其薪酬，同时也能给医院带来更多效益，增强医院的综合竞争力。

（二）薪酬体系再设计后薪酬分配标准更加明确

再设计后的薪酬体系使员工的工作任务分工更明确、技能等级界定更清晰，并参照国家事业单位的薪资标准来适当的调整了QS医院的薪酬分配标准，形成了一套有明确技能等级和技能薪酬界定标准的体系，使医院在进行薪酬分配时有了参照的标准。

第八章 研究结论与政策建议

第一节 研究结论

本书研究结论如下:

第一,从薪酬战略的角度来看,它作为薪酬体系设计的指导思想对于保障薪酬的外部竞争力和内部公平性有着重要指导意义。我国目前的职位薪酬体系、技能薪酬体系、能力薪酬体系在薪酬体系上往往缺少顶层设计,薪酬体系理念不明确、缺少目标性,不能很好地为各企业做好整体战略服务。因此,我国高校应当制定更加科学、合理的薪酬战略,以促进符合高校实际的薪酬体系的建设和完善。

第二,薪酬水平是相对于其竞争对手的组织整体的薪酬支付实力,是企业在国际市场上吸引和留住人才的重要因素,各国对此十分重视。因此在企业在发展建设过程中要吸引留住国际优秀人才,必须提供与国际接轨的薪酬水平。虽然我国所实施的诸如人才引进等众多高端人才计划所提供的薪酬待遇已经初步实现了与国际接轨,但是这部分高端人才的数量在企业中所占的比重仍较小,我国企业还应提高总体的薪酬水平,以更好地吸引、留住人才。

第三,从薪酬构成来看,应该建立多样化、人性的福利体系。不同性质的企业应该建立不同的福利体系,以更好地解决职工需要,使其能专注于工作本身,提高其工作效率,降低企业成本,最终实现组织目标。

第四,从薪酬结构来看,企业的薪酬体系在坚持以个人绩效为导向的同时,要综合考量员工的职业等级、行业薪酬水平等因素,兼顾公平性与竞争性,合理分配薪酬。

第二节 政策建议

根据我国企业目前情况，对我国建立企业薪酬体系提出以下几点政策性建议：

第一，现代企业需要特别强调企业主体作用。管理主体的主要作用是从价值性和稀缺性两个维度鉴定企业。管理的特殊作用在于严格筛选企业高管，使其在知识、能力和素质等方面与其岗位匹配。企业高管的经营管理能力、创新能力和正确的经营决策对企业业绩的影响越来越大，企业高管的人力资本价值逐步得到回报，对于企业高管及其利益相关者都产生了积极影响。

第二，建立新型的人际关系和良好的企业文化。任何事情要注意"度"的把握，管理也是一样。过严的制度不利于人的潜能发挥，需要将管理人性化和柔性化结合，为企业创造一个公平、公正的管理环境。同时，提倡建立企业所有者与高管之间、企业高管与员工之间的双向沟通渠道。企业工作设计应注意考虑高管的意愿及价值。尽可能为之创造一个既温馨又舒畅的工作环境，建立以团队合作为重的企业文化，使高管能享受工作所带来的快乐。

第三，加快确定各个行业的高管薪酬激励体系标准，规范当前国内参差不齐的高管薪酬水平。在大量查阅研究基础上，确定相关标准，让高管薪酬激励行为做到标准化、规范化，防止激励过度和激励不足。对企业高管避免单纯以利润、产值等作为考核指标，不断引进人才，加大培训力度，建立以企业可持续发展为目的的跨时期激励模型，让高管有一个长期化的职业预期，使其在认知期内着重培育企业核心竞争力，树立人力资本增值目标优于财务资本增值目标的思想。

参考文献

[1] 孙百芸. 德迈仕公司薪酬方案优化研究 [D]. 大连：大连海事大学，2016.

[2] 赵磊. M公司宽带薪酬体系再设计 [D]. 天津：天津工业大学，2017.

[3] 万逍. 薪酬公平性与高管离职率关系的研究 [D]. 南京：南京林业大学，2020.

[4] 吕佩玲，王磊. 员工技能薪酬体系的设计：以惠景花木场员工为例 [J]. 人才资源开发，2020（24）：51-52.

[5] 肖群. 制造企业薪酬管理体系存在问题及优化建议 [J]. 中国中小企业，2021（9）：129-130.

[6] 余伦臻，陈少妮，王梅. 中小企业薪酬体系诊断与优化探讨：以东莞市F公司为例 [J]. 商场现代化，2021（12）：69-71.

[7] 张昊洋. A公司薪酬体系优化设计研究 [D]. 哈尔滨：黑龙江大学，2022.

[8] 喻凡. 中国情境下薪酬公平对企业创新的影响研究 [D]. 昆明：云南财经大学，2022.

[9] 米尔科维奇、纽曼. 薪酬管理 [M]. 北京：中国人民大学出版社，2014.

[10] TREVOR C O, REILLY G, GERHART B. Reconsidering pay dispersion´seffect on the performance of interdependent work: reconciling sorting and pay inequality [J]. Academy of Management Journal, 2012, 55 (3): 585-610.

[11] AKERLOF, YELLEN. Optimization of worker assignment in dynam-

ic cellular manufacturing system using genetic algorithm [J]. Journal of advanced manufacturing systems, 2017, 15 (1): 35-42.

[12] 彭剑锋, 饶征. 基于能力的人力资源管理 (第一版) [M]. 北京: 中国人民大学出版社, 2003.

[13] 文跃然. 薪酬管理原理 (第一版) [M]. 上海: 复旦大学出版社, 2004.

[14] 孙颖. 技能操作型员工薪酬激励优化探索与实践 [J]. 中小企业管理与科技旬刊, 2012 (12): 23-24.

[15] 韩未雪. 湖北省制造企业一线职工薪酬满意度影响因素研究: 以宜昌市、襄阳市为例 [J]. 特区经济, 2016 (4): 98-100.

[16] 谷黎明. 从绩效考核角度谈企业薪酬激励机制的设计 [J]. 现代企业, 2023 (1): 51-53.

[17] 罗紫葳. Z地产公司薪酬管理研究 [D]. 哈尔滨: 哈尔滨工业大学, 2019.

[18] 吴寒梅. 高管团队稳定性、员工薪酬满意度与企业创新绩效 [J]. 财会通讯, 2021 (5): 75-79.

[19] 濮雪镭. 基于技能与能力的薪酬设计研究 [D]. 成都: 西南财经大学, 2006.

[20] 常莉莉. 浅谈平衡积分卡在医院绩效工资核算中的应用 [J]. 财会学习, 2016 (12): 175, 177.

[21] 刘昕. 薪酬管理 [M]. 北京: 中国人民大学出版社, 2014.

[22] 孙健敏. 组织行为学 [M]. 北京: 高等教育出版社, 2019.

[23] 李文学. Z公司薪酬体系优化研究 [D]. 西安: 西安石油大学, 2020.

[24] 刘旭. "岗位技能工资制" 如何让技高者多得 [N]. 工人日报, 2022-12-21 (007).

[25] 蔡红红. 企业薪酬体系设计与改革探讨: 以某国有城建集团子企业为例 [J]. 内蒙古煤炭经济, 2022 (6): 80-82.

[26] 孙蕾. A火力发电企业一线员工薪酬体系优化研究 [D]. 郑州: 河南大学, 2021.

[27] 王云晓. 河南微医互联网医院薪酬体系优化设计研究 [D]. 兰州: 兰州理工大学, 2021.

[28] 程思雨. 三级综合公立医院医师门诊工作任务分析与流程优化 [D]. 武汉：华中科技大学，2021.

[29] 薛鹤. XD 私立医院薪酬管理中平衡记分卡的应用研究 [D]. 阜新：辽宁工程技术大学，2017.

[30] 徐英涛. 天津爱尔眼科医院薪酬体系分析与设计 [D]. 长春：吉林大学，2013.

[31] 李杰，何莉娟. 企业能力薪酬体系设计与实施要点 [J]. 中国劳动，2013（4）：39-41.

[32] 曹晶. 北京市三级甲等医院不同层次护士工作任务的研究 [D]. 北京：中国协和医科大学，2008.

[33] HYRNI, GILLIAN. Compare traditional pay and broadbanding [J]. Personal journal，2012（2）：78-79.

[34] 郝佳. 企业薪酬激励体系设计与绩效激励探析 [J]. 人才资源开发，2016（16）：131.

[35] 李苏峥. ZS 集团薪酬体系改进研究 [D]. 北京：北京建筑大学，2020.

[36] 经朝军. 基于要素计点法的岗位价值评估体系应用研究：以 A 公司宽带薪酬体系设计过程中的岗位价值评估实践操作为例 [J]. 当代经济，2016（10）：120-121.

[37] 李晓宛. 薪酬公平性衡量方法的对比与选择 [J]. 时代金融，2018（8）：277.

[38] 郭宗志. 知识型员工薪酬管理技术探析 [J]. 中国集体经济，2020（26）：120-121.

[39] 陈黎丽，侯琴. A 民办职业学院薪酬体系优化研究 [J]. 商业观察，2022（16）：17-19.

[40] 吴联生，林景艺，王亚平. 薪酬外部公平性、股权性质与公司业绩 [J]. 管理世界，2010（3）：117-126.

[41] 李自荣. 四川华电攀枝花发电公司薪酬体系研究与设计 [D]. 昆明：昆明理工大学，2007.

附录

四川省人民政府
关于调整全省最低工资标准的通知

川府规〔2022〕1号

各市（州）人民政府，省政府各部门、各直属机构：

经研究，省政府决定对全省现行月最低工资标准和非全日制用工小时最低工资标准进行调整。现将调整后的标准通知如下。

一、调整后全省月最低工资标准

（一）第一档：每月2100元（每日97元）；

（二）第二档：每月1970元（每日91元）；

（三）第三档：每月1870元（每日86元）。

二、调整后全省非全日制用工小时最低工资标准

（一）第一档：每小时22元；

（二）第二档：每小时21元；

（三）第三档：每小时20元。

以上标准包含个人应缴纳的社会保险费和住房公积金。但不包括下列各项：加班加点工资；中班、夜班、高温、低温、井下、有毒有害等特殊工作条件或者特殊工作环境下的津贴；法律、法规、规章、政策规定的非工资性劳动保险福利待遇；用人单位支付给劳动者的非货币性补贴。

用人单位有条件为劳动者提供食宿的，在此支出之外支付给劳动者的工资也不能低于当地最低工资标准。

各市（州）应尽快重新选择适合本地实际的具体标准档次，经当地政府确定后于10日内报人力资源社会保障厅备案。同时，各市（州）应加

强监督检查，确保最低工资标准得到贯彻落实。

本通知自 2022 年 4 月 1 日起施行，有效期 3 年。2018 年 6 月 28 日省政府发布的《四川省人民政府关于调整全省最低工资标准的通知》（川府发〔2018〕19 号）同时废止。

四川省人民政府
2022 年 3 月 25 日